われ、沖縄の架け橋たらん

國場幸之助

K&Kプレス

われ、沖縄の架け橋たらん◉もくじ

はじめに

２０１３年11月25日、私は朝早く議員会館から永田町の自民党本部にある幹事長室へ向かっていました。私を含む沖縄選出の自民党国会議員５名は石破茂幹事長から、その日までに、普天間基地の名護市辺野古への移設を容認するかどうか、態度を明確にするように求められていました。

私たち５人は、その一週間ほど前にも石破幹事長に呼ばれ、同じように辺野古移設について意見を求められていました。党本部としてはその時点で、党の方針である辺野古移設を受け入れてほしかったようでした。

しかし、私たちは２０１２年の総選挙で、普天間基地の県外移設を公約に掲げて当選しました。選挙の際には石破幹事長をはじめ、党の幹部の方々にも応援演説をしてもらいました。県外移設は公約であり、有権者との約束です。たとえ困難であろうとも、全力で取り組む義務があります。もし公約を撤回するのであれば、少なくとも票を託してくれた有権者の方々が納得してくれるような大義名分が必要です。

しかし、どのような説明をしようとも、沖縄県民が辺野古移設を受け入れてくれるとは思えませんでした。

ここ数年で、沖縄の民意は大きく変化しました。沖縄では政府に対する不信感が強くなっており、かつて自民党政権が辺野古移設を進めていた頃とは状況が異なっています。以前、辺野古移設を容認していた人たちも、今やその多くが移設反対を主張するようになっています。

その原因は、民主党政権の沖縄政策があまりにも杜撰《ずさん》だったことです。しかし、責任を民主党だけに押し付けることはできません。

私自身、沖縄選出の国会議員として、何でもお金で解決を迫る政府のやり方には疑問を感じることが多くなっていました。かつての橋本龍太郎総理大臣や梶山静六官房長官のように、沖縄の心に届くような言葉を発する政治家がほとんどいなくなってしまったように感じていました。

「県外移設を変更する大義名分がなければ有権者に説明することができません。辺野古移設について反対する声が大きい中、それが本当に現実的なプランであるかどうか、私は懐疑的です」

私がこのように述べると、石破幹事長から「あと一週間しっかりと有権者の声を聞き、再びここに集まってほしい」という話がありました。党としても強い危機感を抱いているということがひしひしと伝わってきました。

私はすぐに沖縄に戻り、仲井眞弘多《なかいまひろかず》沖縄県知事や翁長雄志《おながたけし》那覇市長、那覇市議会議員団、公明党沖縄県本部の糸洲朝則《いとすとものり》代表、そして私の後援会の方々など、多くの人たちと意見交換をしました。彼らは皆、選挙の時にお世話になった方々です。彼らと一緒に県外移設という公約を作ってきた以上、彼らの意見を無視して公約を取り下げることなどできません。

私は、24日の東京行きの飛行機の最終便が飛び立つギリギリの時間まで、皆さんと協議を重ねました。私はそれを踏まえ、自分の頭を整理するため、25日の明け方4時頃までメモを作りました。それから沖縄の後援会長に電話をかけ、一任をもらいました。

11月25日は朝から曇っており、外気が肌寒く感じられました。

幹事長室のドアを開けると、石破幹事長の他に浜田靖一幹事長代理の姿も見えました。沖縄選出の国会議員5名が集まると、態度を保留していた議員たちは順々に立場を明らかにするように求められました。

最後に私の順番が回ってきました。「それでは國場さん」。石破幹事長に促され、私は明け方までかけて作ったメモを読み上げました。

「選挙公約は断固として堅持します。県外移設を掲げて当選した以上、その方針を取り下げることはできません。

私は人の命を預かる安全保障政策で一番大切なのは、国民、県民、有権者との信頼関係であると信じています。その根幹が崩れれば、どれほど優れた政策であろうとも有権者の心には届きません。

その一方で、一日でも早く普天間基地の危険性を除去するための、あらゆる方法論や選択肢、可能性を排除すべきではないと考えています。普天間基地の固定化は最悪の選択です。これだけは絶対に避けねばなりません。

公約を堅持するという私の立場について、党から何らかの措置があるのであれば、組織人として甘んじて受け入れる覚悟です」

県民の不信感を払拭《ふっしょく》するためには、県外移設は絶対に堅持しなければなりません。そうでなければ、沖縄と本土との間の心理的距離はますます開いてしまいます。

それと同時に、普天間基地の危険性は一日でも早く取り除かねばなりません。そもそも辺野古への移設が唱えられるようになった大きな理由は、普天間基地の危険性にあります。いくら県外移設が進まないからといって、普天間基地を固定化してしまうのであれば本末転倒です。それは、地域住民にとっても日本政府にとっても、そして日米関係にとっても最悪の選択です。

たとえ自民党を離党することになろうとも、県外移設を貫く。同時に、普天間基地の危険性を取り除くためのあらゆる可能性を追求する――。これが私の出した結論でした。

もちろん私だけではなく、あの場にいた人たちは皆、熟慮に熟慮を重ねた上で結論を出したのだと思います。

石破幹事長も大変苦しんでおられたと思います。幹事長は安全保障問題のプロ中のプロです。辺野古移設が軍事的合理性という観点のみに基づいたものでないことは、幹事長自身が一番理解されていたと思います。

また、報道によると、党内には「幹事長は生ぬるい」という声もあったようで、厳しい立場に置かれていたことと察します。

石破幹事長は私の話を受けて、「國場さんの言う『普天間基地の危険性の除去をもたらすあらゆる選択肢』の中には辺野古移設も含まれますね」とおっしゃいました。与党の責任者としてギリギリの判断だったと思います。

もちろんこれを拒否することもできました。しかし、私がここで拒否し、党を飛び出せば、普天間基地問題は「固定化か、辺野古移設か」という二項対立に陥ってしまう恐れがありました。与党の中で誰かが県外移設を唱えていなければ、県外移設が永久に不可能になってしまうのではないかという危機感もありました。

「それでも県外移設は堅持したい」

沖縄の尊厳と日本の国益が凝縮された極限状態の中で、私はそのように繰り返すのが精いっぱいでした。

私の後援会の中には「会談を蹴り飛ばして退出すべきだった」、「次の選挙のためにも離党すべきだ」という声もありました。また、沖縄の地元メディアは皆、「公約を守れない政治家は議員辞職せよ」と批判していました。

政治家である以上、批判は真摯に受け止めます。期待を裏切られたと思われたのであれば、私の不徳の致すところです。

しかし、この問題はまだ始まったばかりです。現在、自民党や公明党、民主党など、ほとんどの政党が辺野古移設を容認しています。

そうした中で、与党に身を置きながら問題提起をしていくことが、私に与えられた役割だと考えています。私は県外移設を諦めるつもりは毛頭ありません。

普天間基地問題には、戦後日本の問題点が集約されています。日米関係や日中関係、憲法改正や集団的自衛権などの安全保障問題、さらには人権問題など、沖縄に身を置くからこそ見えてくる問題はたくさんあります。

　私がその中でも特に強調したいのは、「沖縄は本当に日本なのか」という根本的な問題です。沖縄では最近、「沖縄は本土から差別されている」という主張が行われることが多くなっています。私としては、「差別」という言葉はできるだけ使うべきではないと考えています。その言葉を使った瞬間に会話がストップしてしまい、建設的な議論ができなくなってしまうからです。

　しかし、沖縄の人たちが「自分たちは差別されているのではないか」と思うようになったのも無理はありません。

　日本国土の0・6％を占めるにすぎない沖縄県に、在日米軍施設の74％が集中しています。なぜ沖縄だけこれほど米軍基地を抱え込まなければならないのか。日本の安全保障のために米軍基地が必要であれば、日本全体で平等に負担すべきではないか。もしかしたら沖縄は同じ日本人として扱われていないのではないか――。

　沖縄県民が疎外感や寂しさを感じていることを、本土の人たちにはもっとよくわかってもらいたい。

　また、本土では、「沖縄はお金がほしくて基地反対運動をしている」という意見をよく耳にします。

私も一部のメディアから、「國場が県外移設を主張しているのは、カジノ利権を得るための駆け引きだ。会見では移設を渋々受け入れたことをアピールするためか神妙な顔で座っていたが、腹の中では笑っていただろう」と書かれました。

残念ながら自民党の先輩議員の中にも、「辺野古移設であれだけ粘ったのはお金のためか」と聞いてくる人がいました。

しかし、こうした主張は全くの的外れです。沖縄が基地に反対しているのは、そんな理由からではありません。そうした誹謗中傷を耳にすればするほど、沖縄の人たちはより一層疎外感を感じるのです。

私は、沖縄の問題を解決できるのは「保守」だけだと考えています。本土の保守派の中には沖縄に対して厳しい批判を行っている人が多いため、「沖縄」と「保守」は両立し得ないと考えている人もいるかもしれません。

しかし、本来であれば、保守こそ沖縄だけに米軍基地が集中している現状を不自然だと感じ、保守こそ同胞である沖縄の抱える寂しさを汲み取らなければならないはずです。

もちろん、問題は本土側だけにあるのではありません。沖縄は本土を批判するだけでなく、問題を解決するために何をしてきたか。私は沖縄選出の国会議員として、一体何をしてきたか。保守政治家を自任する者として、私にできることは何か。

沖縄の尊厳と日本の国益の狭間で悩み苦しみ、挫折と失敗ばかりの私自身の半生をさらすことにより、沖縄と本土の相互理解に資することにならないか。そんな使命感めいたものを感じながら、本書を書きました。

本書が沖縄と本土の距離を少しでも縮めることにつながるのであれば、それに変わる喜びはありません。

國場幸之助

2014年6月23日　慰霊の日に

■＝沖縄県内の在日米軍基地（位置図）

第一章

普天間基地を県外へ

普天間飛行場に着陸するオスプレイ

オスプレイはどこ?

沖縄県宜野湾市《ぎのわん》。沖縄本島中南部に位置するこの市のど真ん中に、普天間基地はあります。基地の面積はおよそ4・8平方キロメートルで、宜野湾市の面積の25%を占めます。全長2700メートルもの滑走路を有する、嘉手納基地と並ぶ米軍の一大拠点です。

普天間基地は沖縄戦の最中から建設が始められました。当時はその一帯はサトウキビ畑だったそうです。しかし、現在では沖縄県の人口が増加したため、基地の周辺には住宅地が密集するようになっています。世界一危険な基地と言われる所以《ゆえん》です。

沖縄県内には普天間基地の他にも30以上の米軍施設があります。そのため、沖縄で政治活動をすれば、必然的に米軍基地問題に関わることになります。これは国会議員に限らず、県知事や市長、県議会議員、市議会議員なども同様です。

米軍基地をめぐるトラブルが発生すると、政治家たちは浦添《うらそえ》市にあるアメリカ総領事館へ抗議に行きます。総領事館は普天間飛行場のすぐ近くにあり、飛行機やヘリコプターの離発着時にパイロットの顔が見えるほどの距離です。

在沖アメリカ総領事館のトップである在沖縄総領事は、アメリカ国務省の沖縄担当のトップでもあります。アメリカはかねてより在沖縄総領事には優秀な人材を派遣しており、現在アメリカＮＳＣ（国家安全保障会議）の日本部長を務めているレイモンド・グリーン氏も、かつて在沖縄総領事を務めていました。

現在、在沖縄総領事を務めているのはアルフレッド・マグルビー氏です。日本に10年ほどいた経験があり、国務省で一番日本語レベルが高いと言われているそうです。

私は今年の３月に入ってマグルビー総領事と二人で食事をする機会がありました。総領事の部屋から普天間基地を眺めると、駐機しているオスプレイが見えました。

オスプレイは飛行機とヘリコプターの機能を兼ね備えた輸送機であり、航続距離は３９００キロメートルにも及びます。

民主党の野田政権の時代から現在の安倍政権にかけて、沖縄にはオスプレイが24機配備されることになりました。しかし、訓練中の事故も多いため、沖縄ではオスプレイ配備に対して反対の声が上がっています。

総領事館の窓から見えるオスプレイの数を数えてみると、２機しか見当たりません。総領事に「他のオスプレイはどこにあるのですか？」と尋ねたところ、「大半はフィリピンに行っています」との返答。

抑止力という観点から、沖縄にオスプレイを配備することが当然であるかのように主張する人がいます。しかし、オスプレイは常に沖縄にあるわけではありません。逆に言えば、あえて沖縄に配備する必要はないということです。

そもそもオスプレイは輸送機であり、定員も24名に過ぎません。これによって必ずしも抑止力が高まるというわけではありません。航続距離が３９００キロメートルもあるのだから、運用次第では沖縄以外の場所に配備することも可能です。

それでは、なぜオスプレイは沖縄に配備されることになったのでしょうか。それを知るためには、なぜ普天間基地が沖縄にあるのか、まずはその理由を探る必要があります。

沖縄に海兵隊がやってきた日

普天間基地は米軍の海兵隊によって使用されています。海兵隊とは、島嶼《とうしょ》防衛をはじめとして有事の際に即時対応に当たるための部隊です。

沖縄に海兵隊がやってきた日をご存知でしょうか。海兵隊は戦時中からずっと沖縄に駐留しているわけではありません。

これは自民党の国防部会に出席している国会議員の中にも知らない方が多いのですが、沖縄に海兵隊がやってきたのは１９５６年です。彼らはそれ以前は岐阜県と山梨県に駐留していました。また、普天間飛行場の施設管理権がアメリカ空軍から海兵隊に移管されたのも

１９６０年になってからです。

なぜ戦後10年以上も経った後に、海兵隊は沖縄にやってきたのでしょうか。

当時、日本本土では米軍基地に対する反対運動が激化していました。日本はサンフランシスコ平和条約によって独立したはずなのに、米軍は相変わらず駐留を続けていました。米軍による犯罪や人権侵害も横行しており、日本国民の怒りは頂点に達していました。

しかし、アメリカとしては、自らの国益のために何としても日本に基地を確保しておく必要がありました。

日本国民の米軍批判を回避しつつも、日本に基地を置き続けるためにはどうすればよいか。そのためには、未だ米軍統治下にあった沖縄に基地を置くしかありませんでした。こうしてアメリカは沖縄に海兵隊の基地を移すことに決めたのです。

つまり、沖縄に海兵隊が配備されたのは、地政学的な理由よりも、政治的な理由という側面が大きいのです。

普天間基地に抑止力はあるか

「１９５６年と現在では、国際社会の政治状況は大きく異なるではないか」。そのように思われる方もいるでしょう。

辺野古移設の必要性を訴える人たちは、何よりもまず中国の存在を指摘します。このところ、中国の軍事力は急速に強大化しています。尖閣諸島周辺への領海侵犯は恒常化しており、尖閣諸島の上空を含む区域に防空識別圏を設定したことも問題となっています。

私も中国の軍事力には脅威を感じています。現時点においては、中国に対する抑止力のために、嘉手納基地など、ある程度の米軍基地が沖縄に存在することは避けられないと考えています。

しかし、それは普天間基地の辺野古移設を正当化することにはなりません。

海兵隊の機能は沖縄県内だけで完結しているわけではありません。海兵隊の移動手段である強襲揚陸艦は、長崎県の佐世保港にしかありません。

そのため、有事の際は、海兵隊が長崎に向かうか、あるいは長崎の船が沖縄にやってくるか、どちらかのプロセスを経る必要があります。海兵隊が普天間基地から直接どこかに向かうわけではないのです。

また、沖縄には艦船をメンテナンスする場所や技術もありません。

つまり、海兵隊は九州一体とならなければ機能しないのです。実際、軍事専門家でもあり、民主党政権時代に防衛大臣を務めた森本敏氏は、「海兵隊が沖縄に駐留する軍事的合理性はない。全部隊をワンセットで動かすなら、例えば鹿児島でも抑止力は維持される。沖縄に駐留しているのは政治的な理由からだ」と明言していました。

そもそも普天間基地に本当に抑止力があるのであれば、中国が領海侵犯を繰り返すことはないはずです。中国にとっては、普天間であろうが辺野古であろうが、沖縄に海兵隊がいるという事実に変わりはありません。

普天間基地に海兵隊がいる現状において、抑止力が機能しているのかどうか疑わしい以上、辺野古に移設しなければ抑止力が低下するという見解は的外れです。

自衛隊に海兵隊的機能を

日本の島嶼は本来、自衛隊が防衛すべきです。日本の国土は日本人が守る。あまりにも当然のことです。自衛隊に海兵隊的な機能を持たせるといった議論をせず、辺野古移設ばかり議論することには違和感を覚えます。

私は今年になって、九州・沖縄地区の防衛、警備に当たる陸上自衛隊・西部方面隊を視察しました。

陸上自衛隊は日本全国を５つの地域に分け、日本の安全保障を担っています。西部方面隊は中国や朝鮮半島、さらには南海トラフ大災害を見据えた訓練を行っており、まさに安全保障の最前線に身を置いています。

西部方面隊には普通科連隊と呼ばれる部隊があります。長崎県佐世保市の相浦《あいのうら》駐屯地に駐在しており、自衛隊の中で唯一海兵隊的な機能を持つと言われています。実際、毎年1月にアメリカ海兵隊との共同訓練に参加しており、今年で10回目になるそうです。

私は、程度の差や慎重な議論の余地はあるにせよ、沖縄の海兵隊の施設拠点や訓練実施などを、西部方面隊内で引き受けることができるのではないかと考えています。また、海兵隊との共同訓練の過程で蓄積された経験とノウハウがあれば、島嶼防衛を担うこともできるはずです。そうすれば、沖縄の海兵隊基地を整理縮小することができます。

自衛隊員の方々に明快なブリーフィングをいただき、濃厚な意見交換をすることができました。

西部方面総監の番匠幸一郎陸将をはじめ、幹部や隊員の方々に私の問題意識をぶつけたところ、「それは政治が決めることです」とのこと。

もちろん自衛隊員としては当然の返答だと思います。私としては、西部方面隊の実力をもってすれば対応可能だと感じました。また、安全保障の役割を日本本土、特に九州と分担できる余地はあると感じました。

沖縄も辺野古移設に協力してきた

沖縄は何も日本の安全保障を負担したくないと言っているのではありません。地政学的な理由から、沖縄にある程度の米軍基地が存在しなければならないということは、多くの県民が理解していると思います。

だからこそ、沖縄はこれまでも政府の辺野古移設に協力してきたのです。

辺野古移設案が浮上したのは１９９６年になってからです。当時の日本政府とアメリカ政府が普天間基地の返還に合意し、代替施設として辺野古移設案が提案されました。

それ以降、辺野古のある名護市の市長選挙では、移設容認派が3回連続で当選を果たしています。

現在の稲嶺進名護市長は、２０１０年の市長選挙で初当選しました。稲嶺市長は辺野古移設断固反対を掲げて当選した初めての市長です。

しかし、この時も票差はおよそ１５００票で、僅差での勝利だったと言っていいと思います。従来、辺野古周辺地域には移設容認派の方も多く、名護市民の間でも移設容認派と反対派は拮抗していたのです。

ところが2014年に行われた名護市長選では、辺野古移設反対を掲げた現職の稲嶺市長が、対立候補に4000票以上もの差をつけて再選を果たしました。この4年の間に反対派が急増しているのです。

なぜ沖縄ではこれほどまでに反対派が増えたのでしょうか。そのことを理解してもらうためには、1995年当時にまで遡る必要があります。

「地位協定を見直す考えはない」

普天間基地移設問題が浮上する直接的なきっかけとなったのは、1995年に起こった米兵による少女暴行事件です。これは、当時まだ小学生であった少女が米兵3人に拉致され、性的暴行を受けるという許し難い事件で、沖縄ではかつてないほど強い怒りの声が上がっていました。

私はその頃、早稲田大学に在学していましたが、ニュースを聞いて衝撃を受けました。怒りがふつふつと湧いてきて、居ても立ってもいられなくなりました。

しかし、私にとって事件と同じくらいショックだったのは、その時の日本政府の対応でした。

当時は村山富市内閣。村山談話で知られるように、近隣諸国との関係改善や人権問題を重視している政権でした。

事件を受けて、大田昌秀沖縄県知事は日本政府に対して申し入れを行いました。そして、事件の再発防止や日米地位協定の改定などを求めました。

ところが当時の河野洋平外務大臣は「現時点で地位協定を見直す考えはない」と言い放ち、地位協定の改定についてアメリカと協議することを拒否したのです。

軍隊の主たる任務は、急迫不正の侵害に対し、自衛権を行使することです。しかし、地域住民や国民を守ることもまた彼らの役割です。その軍隊が人権侵害を行うのであれば、一体何のための軍隊なのか。

沖縄の場合はとりわけ、沖縄戦で日本軍に裏切られたという思いを持っている人も多く、軍隊に対する不信感が根強く残っています。だからこそしっかりとした対応を行わなければ、政府に対する反発の声が大きくなることは避けられません。

私自身、何ら有効な対策を講じようとしない政府に対して、不信感を抱かざるを得ませんでした。政府は本当に沖縄の問題を自分の問題として受け止めているのだろうか――。そのような疑問が頭をかすめました。

橋本総理の涙

しかし、橋本龍太郎総理大臣の誕生により、沖縄への対応は一変します。橋本総理は沖縄に対して熱い思いを持っており、基地問題解決のために奔走してくれました。

橋本総理は、総理になって最初の日米首脳会談で、当時のクリントン大統領に対して普天間基地の返還を要求しました。外務官僚や防衛官僚の反対を押し切った上での政治決断だったそうです。

橋本総理はクリントン大統領から基地返還の承諾を取り付けると、移設先をめぐって大田知事と会談を重ねます。その数、何と17回。一人の総理大臣が沖縄県知事とこれほどまでに会談を行ったことは、未だかつてありません。極めて異例のことです。

橋本内閣の梶山静六官房長官と沖縄県副知事に至っては、さらに多くの会談を行っています。

梶山官房長官は陸軍航空士官学校出身の軍人であり、戦争で兄弟を亡くすという経験もしています。戦争の悲惨さを誰よりも理解されていたのでしょう。沖縄を思って眠れない日もあったと言われています。

１９９６年には、内閣府に沖縄政策協議会が設置されました。これは、米軍基地問題や産業政策など、沖縄に関連する基本政策について協議する場として設けられたものです。沖縄政策協議会の初会合が官邸で開かれた際、梶山官房長官は「沖縄の人たちで官邸を〝ハイジャック〟してほしい」と述べられました。橋本政権が沖縄問題についてどれほど本氣であったかがわかります。

そのため、革新派と言われていた大田知事も、橋本政権に対しては非常に協力的でした。大田知事は普天間基地の辺野古移設についても、名護市民の意向を尊重するという立場をとっていました。

ところが、移設のカギを握る１９９８年の名護市長選挙の直前、大田知事は態度を一変させます。突然、受け入れ拒否を表明したのです。政府としては寝耳に水の事態だったと思います。

橋本総理はこの時、「自分はこれまで沖縄のことを思って一生懸命やってきたが、その誠意が伝わらなかった。本当に申し訳ない」と、涙を流したそうです。

大田知事としても沖縄のことを考えた上での決断だったのだろうと思います。この時は結局、移設問題は先送りされることになりました。しかし、大田知事が保守・革新の違いを越え、橋本総理の熱意に一時的にせよ動かされたことは間違いありません。

揺れる名護の民意

大田知事は辺野古移設を拒否しましたが、大田氏が態度を明確にするより前に、当時の比嘉鉄也名護市長は辺野古受け入れやむなしという立場を表明していました。

そもそも1998年の名護市長選挙は、比嘉市長の辞任に伴って行われたものでした。名護市では基地移設受け入れの是非を問う住民投票の結果、受け入れ反対が多数を占めていました。ところが比嘉市長は橋本総理に対して、辞任と引き替えに受け入れを表明したのです。文字通り、政治生命を賭けた決断でした。

比嘉市長の後継者として立候補したのが、名護市助役であった岸本建男氏です。岸本候補は比嘉市長の志を継承し、基地移設受け入れを公約に掲げて選挙戦を戦いました。

その結果、住民投票の結果とは反対に、受け入れ容認派の岸本候補が勝利することになったのです。

住民投票では受け入れ反対が上回ったにも関わらず、選挙では受け入れ容認派の候補者が勝利するというように、名護の民意は揺れていました。大変難しい問題なので、それも当然のことだと思います。

それでも選挙で容認派が勝利した一因はやはり、橋本総理の沖縄に対する思いが名護市民にも伝わったからだと思います。

稲嶺知事誕生の舞台裏

名護市長選挙で移設容認派が勝利した同年の11月、沖縄県知事選挙が行われることになりました。

この選挙では、辺野古移設反対を掲げる現職の大田知事の対抗馬として、琉球石油(現・りゅうせき)という製油会社の会長を務めていた稲嶺惠一氏が擁立されました。稲嶺氏は東京の経済界ともパイプが太く、沖縄と東京のどちらとも交渉できる立場にあるということで、県内経済界を中心に、自民党に担ぎ出されたのです。

私はこの選挙で稲嶺候補の随行秘書を務めました。選挙期間中はずっと稲嶺氏に同行していたので、当時のことはよく覚えています。

当時、沖縄で大田知事は圧倒的な人気を誇っており、彼を倒す人はいないだろうとまで言われていました。私たち稲嶺陣営は、知名度、力量、経験、選挙体制、どの点をとっても大田陣営に敵うものはありませんでした。

しかし、選挙には「運氣」というものがあります。運氣を上手く掴むことができれば、どんなに不利な状況でも覆すことができます。

まだ選挙戦が本格的に始まっていないある日曜日、私たちは若い世代を集めたボウリング大会に参加することになりました。

稲嶺氏はその大会で始球式を務めることになったのですが、ボールを持って構えながら「ボウリングなんて何十年もしていない。ガーターに入らなければいいさ」と笑っていました。ところが、結果は見事にストライク。稲嶺氏のガッツポーズ姿は今でも脳裏に焼き付いています。

稲嶺氏は次の会場へ移動する車内でも興奮冷めやらぬ様子で、「運が向いてきた！　この選挙、絶対に勝てる！」と繰り返していました。

ボウリングでストライクを取ったという、取るに足りない些細なことですが、これが一つの転機になったようにも思います。稲嶺氏は事前の予想を覆し、見事に当選を果たすことができました。

辺野古移設は条件付きで

稲嶺氏は、住宅地のど真ん中にある普天間基地は極めて危険な存在であり、基地の固定化だけは何としても避けなければならないと考えていました。しかし、辺野古に移設するにしても、無条件で移設を容認しろと言うのであれば、名護市民が強く反発するのは目に見えていました。

稲嶺氏はそこで、国際情勢の変化を見据えつつ、普天間基地代替施設の15年の使用期限と軍民共用という、条件つき移設を訴えたのです。

この政策は、名護市のある沖縄県北部の活性化をも見据えたものでした。沖縄の北部は大正時代から人口が増えておらず、現在もおよそ12万人程度です。沖縄全体では人口は増えているにも関わらず、北部は過疎地のようになってしまっています。

普天間基地の代替施設を軍民共用にすれば、民間の飛行機も利用することができ、15年後に民間専用の空港になれば、地域経済にも大いに貢献することができます。経済が発展すれば、そこに住む人たちも増え、過疎も解消します。

このように、稲嶺氏は辺野古移設を容認しましたが、それはあくまでも条件付きでのことでした。もし稲嶺氏が無条件で辺野古移設を容認していれば、大田知事に負けていたでしょう。

薄れゆく沖縄への思い

稲嶺新知事が誕生する半年ほど前、橋本総理が参議院選挙の敗北の責任をとって辞任し、新たに小渕恵三総理大臣が誕生していました。

小渕総理は学生時代から沖縄の遺骨収集に参加しており、橋本総理同様、沖縄に強い関心を持っていました。小渕総理は沖縄でサミットを開催することを決定しましたが、役人の大反対を押し切っての決断だったそうです。

このように、かつて総理大臣を務めた方々は、沖縄の抱える問題を何としても解決しなければならないという思いを持っていました。彼らの沖縄に対する熱い思いは、沖縄県民の心にもしっかりと届いていたと思います。

しかし、時が経つにつれて、残念ながら政府の沖縄に対する思いは失われていったように思います。

小泉純一郎総理大臣が誕生して間もない頃、沖縄の地元メディアの記者たちが小泉総理に一時間ほどインタビューをしたことがありました。

沖縄の記者たちの関心は当然、小泉総理が普天間基地問題についてどのような考えを持っているかという点にありました。小泉総理も当然そのことはわかっていたはずです。

ところが一時間のインタビューの内、55分は郵政民営化の話で終わったそうです。小泉総理の政策に賭ける情熱には見習うべきものがありますが、残念ながら沖縄に対する関心は薄かったように思います。

もっとも、小泉総理も一時期、沖縄の負担を全国で分担すべきだとおっしゃっていたことがありました。しかし、すぐにそのような発言はしなくなってしまいました。

沖縄は本当に日本なのか

「沖縄は以前は辺野古移設に賛成していたのに、今になって辺野古移設に反対するのはおかしいではないか」。しばしばそのような批判を耳にします。

確かに沖縄はこれまで辺野古移設を容認してきましたが、先ほど見たように、それはあくまでも条件付きでのことです。橋本政権時代に辺野古移設を容認したのは、橋本総理の提示する条件であれば何とか許容できると考えたからです。

しかし、政府側の提示する条件や移設方法は時間と共に変化し、もはや橋本政権時代とは別のものになっています。政府側が条件を変更した以上、沖縄側も態度を変更するのは無理もないことだと思います。

例えば、小泉政権の時代には、辺野古の代替施設には滑走路を２本、Ｖ字型に作るという案が進められていました。しかし、この案は県民の間で大きな議論を巻き起こしました。負担を軽減するために代替施設を作ろうとしているはずなのに、滑走路を2本も作ることは負担を増やすことにつながると考えられたからです。

しかし、ここ数年の内に沖縄で辺野古移設に反対する人が増えた最大の理由は、政府や本土に対する不信感が強くなってしまったことにあります。

日本の陸地面積の0・6％を占めるにすぎない沖縄県には、在日米軍施設の74％が集中しています。防衛省の資料によると、日本本土にある在日米軍基地はこれまで大幅に整理縮小されてきましたが、沖縄の米軍基地についてはほとんど変化が見られません。これは明らかに不自然です。

しかし、沖縄が抗議の声を上げるとすぐに「沖縄は金がほしいから騒いでいるだけだろ」、「あいつらは中国の手先だ」といった誹謗中傷を受けます。国会議員の中にも「沖縄は振興策を取るために騒いでいるんだろ」と言う人がいます。

これに対して、沖縄では「自分たちは同じ日本人であるはずなのに、本土から差別されているのではないか」という声が上がるようになっています。

私は極力「差別」という言葉は使わないようにしています。差別という言葉を使った瞬間に、対話がストップしてしまい、建設的な議論ができなくなるからです。しかし、県民がそのような思いを抱くのも無理はないと思います。

私もこの種の発言には接する度に憤りを覚えてきました。こうした発言によって沖縄の人たちがどれほど傷つき、どれほど疎外感を味わってきたか。彼ら本当に沖縄県民を同胞だと考えているのか。沖縄の置かれている現状について少しでも思いを致すことができれば、そのようなことを軽々しく言うことはできないはずです。

沖縄は本当に日本なのか――。

こうした誹謗中傷に接する度、この問いが頭の中をかすめます。

ケビン・メアの身勝手な議論

沖縄に対して激しい誹謗中傷を投げかけてきた顕著な例は、ケビン・メアでしょう。メア氏は２０１１年３月に、アメリカ国務省内で行った大学生に対する講義で、「沖縄の人々は日本政府を巧みに操り、ゆすりをかける名人である」、「沖縄の人たちはゴーヤーを栽培しているが、他県の栽培量の方が多い。沖縄の人は怠惰すぎて栽培できないからだ」などと述べていたことが発覚し、当時務めていた国務省の日本部長を更迭されることになりました。

メア氏は２００６年から２００９年まで在沖縄総領事を務めていました。その時も、「普天間は特別ではない。飛行場として特に危ないとは思わない」、「日本の領土内の米軍施設内で、日本の自衛隊が共同使用、訓練するのになぜ反対するのか不思議だ。日本の防衛のためなのだから歓迎すべきだ」などと発言していました。

このようなことを言われて気持ちのいい沖縄の人間はいません。そのため、彼は沖縄の大半の政治家たちと喧嘩になっていました。沖縄の人はあまり人前で大きな声を出して喧嘩をしないのですが、公的な場や酒の席でメア氏と口論になっているところを何度か見たことがあります。

仲井眞知事もある時期からメア氏とは険悪な雰囲気になっていたようです。総領事としての任期が終わる頃には、メア氏は外交官としての仕事をほとんどできなくなっていたと思います。

私も沖縄県議会議員の頃、勉強会の場でメア氏と議論したり、一緒にお酒を飲んだこともあります。その時も、「沖縄の人たちは振興策がほしいから基地に反対しているんじゃないのか」、「普天間基地ができた後に沖縄住民はその周辺に住み始めたのだから、住民たちだって本当は危険な基地だとは思っていないんだろう」といったことを、何ら悪びれることなく話していました。

しかし、沖縄の人たちは何も好き好んで基地の周辺に住んでいるわけではありません。沖縄は山が多く平地が少ないのですが、その中でも肥沃な土地は全て米軍基地によって占拠されています。それ故、どうしても基地周辺に住まざるを得ないのです。

そもそもアメリカが銃剣とブルドーザーによって強制的に土地を奪っておきながら、沖縄に責任を押し付けるのはあまりにも身勝手です。

沖縄への財政移転は多くない

メア氏に見られるように、「沖縄はお金がほしいから基地反対運動をしている」といった議論は、本土でも力を持っていると思います。しかし、それは全くの誤解です。そもそも本土から沖縄への地方交付税や補助金などの財政移転は決して多くありません。

沖縄には米軍基地が集中しているため、沖縄関連予算というものが毎年入っています。２０１４年度は３５００億円ほどの予算がつきました。

しかし、県民一人当たりの割合で見ると、沖縄は全国で12位ほどです。他の県の方が遥かに多いのです。過去を振り返ってみても、沖縄が１位になったことは一度もありません。この点はあまり知られていないと思います。

しかも、沖縄は戦後27年間米軍統治下に置かれていたので、その間は中央からの財政移転は全くありませんでした。日本本土はまさにこの時期に高度経済成長を経験し、全国的にインフラ整備が行われました。沖縄が本土に復帰した頃は、ちょうどオイルショックによって日本経済が低迷していた時期だったので、沖縄はその恩恵を受けることができませんでした。

さらに言うなら、沖縄県に投資される沖縄関連予算の全てが、沖縄の地域経済に還元されるわけではありません。

例えば、2020年に完成予定の那覇空港の滑走路の工事には、沖縄の地元企業はおよそ3割しか参入することができていません。残りは全て本土の企業によって行われます。発注されるロット（製品単位）などの関係で、沖縄の中小企業には対応できない工事内容だからです。

もちろん本土の会社の下請けや孫請けという形で参入すれば、多少比率は増えるかもしれません。しかし、いずれにせよ、地元の企業が必ず潤うスキームというわけではないのは確かです。

これは沖縄で行われる米軍関連の公共事業についても言えることです。それは、アメリカ政府が公共事業についてボンド制を採用しているからです。

ボンド制とは、請負者が倒産した場合のリスクを回避するための制度です。例えば、10億円の公共事業を請け負うためには、企業は事前に同額の保証金、すなわち10億円積まなければばならないことになっています。

しかし、沖縄の建設会社は中小企業が多いため、それほどの資産はありません。米軍の発注する仕事は必ずしも専門性が高いものばかりではないので、沖縄の地元企業でも十分対応可能なのですが、結局、本土から入ってきた大きなゼネコンに仕事を奪われてしまうのです。

このような話は建設業に限りません。現に、沖縄の所得は全国最下位クラスであり、失業率や自殺率、離婚率も高い値を示しています。本当に財政移転が行われているのであれば、なぜ沖縄の経済状況がこれほど悪いのか、説明がつきません。

沖縄県民が一番望んでいること

沖縄県は本土復帰に伴い制定された沖縄振興開発特別措置法に基づき、1972年から10年ごとに沖縄振興計画を実施しています。これは、沖縄戦における苛烈な戦禍や、その後アメリカの軍政下に置かれてきたことなどを踏まえ、本土との格差の是正や、沖縄経済の自立的発展を目的としたものです。

2012年、第5回目の振興計画が策定される際に、振興計画にどのような内容を盛り込むべきか県民の声を聞こうということで、県民に対してアンケート調査が行われました。

沖縄県庁の担当者は、県民は所得の向上や福祉の充実などを望んでいると予想していたそうです。ところがアンケートの結果を見ると、最も多かった要望は、沖縄の伝統や文化、自然を守ってほしいというものでした。

そこで、第5回目の振興計画は、これまで経済一辺倒であった方針を転換し、「強くしなやかな自立型経済の発展」と「沖縄らしい優しい社会の構築」の二本立てとすることになりました。

私はこのアンケートの結果を聞いて、正直なところホッとしました。沖縄県民が金銭的なものを求めているのではなく、沖縄の歴史を尊重してほしい、あるいは沖縄の尊厳を取り戻してほしいといった考えを持っていることが、目に見える形で明らかになったからです。

もっとも、それ以前もしっかりとアンケートを取っていれば、やはり同じ結果が出ていただろうと思います。

米軍基地が減れば、沖縄関連予算も当然減ります。それにも関わらず基地に反対しているのだから、沖縄県民がお金のために反対運動をしているわけではないことは明らかです。「沖縄県民はお金がほしくて騒いでいるだけだ」という議論がどれほど誤ったものであるか、多くの人たちに知ってもらいたいのです。

仲井眞知事の突き付けた条件

民主党政権の3年間を経て誕生した現在の安倍政権は、再び辺野古移設を進めようとしています。現在の政府の方針では、代替施設に使用期限が設定されていません。これは今までにない初めてのケースです。

２０１３年12月、仲井眞知事は政府との会談を重ねた後、辺野古受け入れを表明しました。しかし、今回も沖縄側は無条件で辺野古移設を容認したわけではありません。

沖縄県は政府に対して「沖縄振興及び基地負担の軽減に関する要請について」という文書を提出しています。

そこでは基地負担の軽減として、普天間飛行場の5年以内の運用停止、キャンプ・キンザーの7年以内の全面返還、日米地位協定の条項の追加や改正、さらにはオスプレイ12機程度を県外の拠点に移転することや、訓練の過半を県外に移転すること、普天間飛行場の運用停止後、県外に移設することなどを要請しています。

一方で普天間基地の辺野古移設を容認しておきながら、他方で県外移設を求めることは矛盾しているのではないかという批判もあるかもしれません。

仲井眞知事も苦渋の決断をされたのだと思います。沖縄と本土の板挟みになりながらも、沖縄県民の思いを何とか実現したいという思いがあったのだろうと察します。もとより、仲井眞知事が辺野古移設を容認したからといって、移設作業がスムーズに進むとは限りません。沖縄と本土の信頼関係が複雑になっている現状においては、移設作業は難航する可能性があります。

移設作業にはそもそも時間がかかります。私は沖縄県議会議員の時代に新石垣空港建設促進特別委員会の委員長を務めていたのでよくわかりますが、新たな空港を作るのには膨大な時間がかかります。

新石垣空港が開港するまでには、計画が提案された時から34年以上もの時間がかかりました。また、２０２０年に完成予定の那覇空港の滑走路も、最初に建造計画が持ち上がったのは１９７０年頃です。実に半世紀もの時間がかかっているのです。

これらは共に沖縄県民が建造してほしいと求めていたものです。沖縄側が求めていたものでさえこれだけの時間と労力を要するのですから、県民の反対する軍事基地の場合はどれほどの時間がかかるか、見当がつきません。

政府は普天間基地の代替施設完成には9年以上かかると計算しています。仲井眞知事は普天間飛行場の5年以内の運用停止を求めているので、この要求に応じるのであれば、代替施設の完成を4年以上早めなければなりません。これはかなり高いハードルだと思います。

いずれにせよ、「沖縄選出の国会議員も沖縄県知事も辺野古移設を容認したのだから、移設作業が難航した場合、その責任は沖縄にある」と、沖縄に責任を押し付けられる事態は避けなければならないと考えています。

究極の抑止力とは

安全保障政策は、国民の信頼によって成り立っています。どれほど優れた政策であろうとも、国民からの信頼がなければ機能しません。沖縄を含めた国民の政府に対する信頼こそ、究極の抑止力なのです。

それはアメリカでも共通認識となっています。アメリカもＱＤＲ（4年ごとの国防計画見直し）で、地域住民との良好な関係構築がなければ、基地の存続は困難であるという見解を示しています。

橋本総理は辺野古移設を進める上で、大田知事と17回もの会談を重ねました。これは軽い気持ちでできることではありません。橋本総理は本当に沖縄のことを考え、基地問題を解決しようとしていました。その熱意が伝わったからこそ、沖縄県民は辺野古移設に協力してきたのです。

しかし、今や沖縄と本土の信頼関係は当時とは大きく変わりました。地元名護市と県民の理解と合意なく、政府が辺野古移設を強行すれば、沖縄の不信感はさらに強くなってしまう恐れがあります。

もっとも、沖縄としても、ただ反対するだけでなく、自らの意見を国政に反映させるための戦略を持つ必要があります。

沖縄県の人口は日本の全人口の1％に過ぎません。数で争う民主主義という土俵で戦えば、最初から負けることはわかっています。

沖縄はかつて琉球王国として、450年にもわたって国を維持してきました。琉球王国は武力を持たないという世界でも珍しい国でした。

琉球王国の周辺には日本や中国などの大国が存在しました。その中で、武器を持たない琉球王国は一体どうやって国を守ってきたのか。彼らは自分たちが小国であるということを理解した上で、自国の生き残りを賭けて、できることを全てやったのです。

例えば、琉球を初めて統一した尚巴志《しょうはし》は、参謀に懐機《かいき》という中国人を任命し、対外貿易に取り組んでいました。今の感覚で言えば、基地問題の交渉のためにヒラリー・クリントンを沖縄県副知事に任命するようなものでしょうか。

沖縄は今こそ琉球王国の知恵に学ぶ必要があります。米軍基地問題を解決するために、あらゆることをすべきです。

例えば、キャロライン・ケネディ駐日大使との関係を強化することは、沖縄にとって有益だと思います。

ケネディ家は代々、どれほど困難な事態に遭遇しようともアメリカのために奉仕してきたとして、アメリカでは大変な尊敬を集めています。

私がアメリカで話を聞いたところ、日本で言えば皇族のような扱いを受けているとのことでした。プライドの高いアメリカの上院議員たちもキャロライン氏に対しては恭しい態度で接していたため、全米に改めてケネディ家の存在感を示したと言われています。

また、ケネディ家はいち早く大統領候補としてオバマ支持を表明したので、オバマ大統領からも信頼されているそうです。そのため、政治的にも大きな力を持っています。

実はキャロライン大使は沖縄とも縁があります。１９５１年、当時下院議員だった父親のジョン・Ｆ・ケネディがアジア歴訪中、体調を崩して沖縄の海軍病院に担ぎ込まれたことがありました。病院の緊急措置が適切だったため、ケネディは一命をとりとめました。

キャロライン氏が生まれたのはそれから数年後です。大げさに言えば、この時ケネディにもしものことがあれば、キャロライン氏はこの世に存在しなかった可能性もあるわけです。

このエピソードはキャロライン大使の自著にも書かれているそうです。彼女自身も大切な出来事として受け止めているのでしょう。

実際、岸田文雄外務大臣がキャロライン大使との会談でその話をした時、彼女は感極まって涙を流していたそうです。

それでも県外移設を諦めるつもりはない

その他にも、沖縄県がアメリカ側と直接意見交換するのも有益だと思います。外交は政府の仕事ですが、沖縄県が自らアメリカに地元の雰囲気を伝えることは大切なことです。沖縄県知事や名護市長が頻繁に訪米しているのもそのためです。

私は２０１３年にワシントンＤＣを訪れ、国務省や国防総省関係者、さらには下院議員の方々などと意見交換をしました。アメリカ側の基地問題や尖閣諸島についての認識を知ることができ、大変勉強になりました。

とりわけ、ロビン・サコダ元国防総省日本部長が尖閣諸島について、

「領土をめぐる問題は解決不可能です。ただ、今は日中間のテンションがあまりにも高すぎます。対立状況は変わらないとしても、緊張緩和のために知恵を絞る必要があります。そのためにも、日本は日米間の信頼関係の強さを示し、中国に対して隙を見せないことが必要

です」

という趣旨のことを述べていたことが印象的でした。

米軍基地問題については、私は会う人会う人に対して、

「沖縄県内の政治状況は大きく変わっています。沖縄県知事が埋め立て申請を承認すれば、そのまま何の滞りもなく代替施設が完成するというわけではありません。辺野古への移設には約10年かかると言われています。これでは実質的に普天間基地を固定化することになります。沖縄ではこの案は受け入れられません。抑止力の維持と負担軽減を達成するためにこそ、別のプランを模索するべきではないでしょうか」

と、訴えました。

しかし、残念ながら多くの人たちが、

「代替案はあり得ません。過去、様々なアイデアが出ては消えていきました。その中のいくつかの案を試みてきましたが、最終的に辺野古移設以外には残りませんでした。計画を変更するとなれば、歴代政権の責任問題にも発展しかねません。そもそも日米両国とも再交渉するだけの余裕はないのではないでしょうか」

という反応でした。

また、現在検討されている嘉手納基地以南の土地の返還と関連して、

「国防予算が大幅に削減されている中で、普天間移設を含む再編全体が進まなければ、海兵隊のグアム移転や嘉手納基地以南の返還はあり得ません。これらは計画としては切り離されていますが、政治的にはリンクしています。普天間移設が上手くいかなければ、政治的にテンションが下がり、嘉手納基地以南の返還も遅れてしまうと思います」

と指摘する人も多数いました。

しかし、これしきのことで諦めるわけにはいきません。アメリカには多様な意見があり、県外移設を主張している人たちもいます。

また、アメリカは民主主義の国なので、沖縄県民の民意を尊重せざるを得ません。実際、私が会った人たちは皆、近く行われる予定となっていた名護市長選挙の結果を気にしていました。つまり、沖縄県民が米軍基地についてしっかりとした意思を示せば、アメリカはそれを尊重するということです。

自民党沖縄県連は2013年12月1日の臨時総務会で、「辺野古を含むあらゆる選択肢を排除しない」と機関決定しました。「あらゆる選択肢」には当然「県外」という選択肢も含まれるはずです。

在沖海兵隊の機能の一部であれ、運用面であれ、訓練のローテーションであれ、究極的には施設そのものの県外移設であれ、「県外」という方向性を堅持しなければ、沖縄の基地負担は軽減されません。その具体的な形の一つが「普天間基地の5年以内の運用停止状態」の実現です。

普天間基地の県外移設に困難が伴うのは百も承知です。私は今後も日本政府並びにアメリカ政府に対して粘り強く働きかけていきます。

第二章

沖縄で、保守であること

御製で詠われた景勝地・万座毛

私の保守観

沖縄で、保守であること。

私はいつもこのことを念頭に置きながら政治活動に取り組んでいます。

「保守は沖縄米軍基地の県外移設を訴えたりしない」、「なぜ保守を自任しながら政府の沖縄政策を批判するのか」。そのように思う人もいるかもしれません。

しかし、それは私の抱いている保守のイメージとは異なります。

私は保守の本質は「寛容性」であると考えています。自分とは違う考えを持っていたり、異なる歴史を歩んできた他者をも受け入れ、包み込むこと。それは優しさであり、深さであり、そしてまた力強さでもあります。

沖縄には琉球王国として歩んできた４５０年の歴史があります。私は沖縄県出身の国会議員として、その歴史を誇りに思っています。それは本土にとっては異質な歴史かもしれませんが、その異質なものをも包み込むことが保守だと考えています。

それ故、沖縄で保守であることは、政治状況によって難しい局面に直面することもありますが、決して矛盾することだとは思いません。

こうした寛容性は、日本列島を彩る四季折々の自然や風土によって養われていると思います。例えば、夏と冬とでは、気候や食べ物は全く違います。沖縄と北海道では、文化や風習も大きく異なります。それでも同じ日本として包み込むこと。これは当然のことかもしれませんが、その当然のことを大切にするのが保守だと思います。

また、私のイメージする保守は、統治機構とは関係ありません。現在の体制を支えるものが保守であるかのような議論が行われることがありますが、それには違和感を覚えます。統治機構ではなく、土着のものを大切にすること。その土地で暮らす人たちの生活を守ること。それこそが保守ではないでしょうか。

その意味で、私は「親米保守」にも懐疑的です。保守は「親米保守」でもなければ「親中保守」でもなく、「親日保守」でしかあり得ません。

「敗者」への眼差し

私たちの生きるこの世界は、今生きている私たちだけのものではありません。現在の日本社会は、多くの先人たちの努力によって作られました。先人たちの歩んできた歴史を大切にすること。それもまた保守の本質です。

もっとも、歴史を大切にするとは、そこで起こった不正義や不条理までをも肯定することではありません。また、為政者たちが犯した過ちを肯定することでもありません。

歴史は「勝者」によって作られます。その過程には多くの「敗者」たちがいます。彼らの中には悲惨な目にあった人たちもたくさんいます。そうした人たちの思いにも目を向けなければなりません。

ところが最近は、「勝者」の歴史ばかり強調される傾向にあるように思います。「勝者」にとって都合の悪いことは無視され、あたかも「勝者」の歴史には何の過ちもなかったかのような議論も行われています。

しかし、それは日本社会にとって決してプラスにはなりません。現在の日本は「勝者」だけで成り立っているのではありません。

例えば、沖縄は琉球王国時代に薩摩に敗れたという歴史を持っていますし、在日朝鮮人やアイヌ人の方々もそうだと思います。現在の日本には、かつて「敗者」とされた人たちがたくさん住んでいます。それ故、「勝者」の歴史ばかりを強調すれば、必ず反発を招くことになります。

保守の本質は寛容性です。マイノリティを排除するのではなく、彼らをも受け入れ、包み込むような歴史認識が必要です。

その意味で、このところ強くなっている排外主義的な風潮も、決して保守的とは言えません。日本人の純血性を追求したり、外国人を排除するのは保守のやることではありません。それは寛容性とは真逆のものです。

日教組も感動

もっとも、これは最近になって顕著になってきた傾向です。かつての政治家たちはマイノリティに対して温かい眼差しを持っていたと思います。

彼らは沖縄についても自分のことのように考え、寝る間も惜しんで問題に取り組んでくれました。沖縄のために心を砕き、沖縄と苦しみを分かち合おうとしてくれました。

１９６５年8月19日、沖縄県を訪れた佐藤栄作総理大臣は「沖縄の祖国復帰が実現されない限り、日本にとっての戦後は終わらない」と、目に涙を浮かべながら挨拶されました。

私は小学生の頃に、沖縄県教職員組合（沖縄県の日教組）の先生たちからこの話を聞きました。彼らも佐藤総理の言葉には感動したらしく、その時のことを興奮しながら語っていたことが印象に残っています。

また、小渕内閣の頃、私の母校である沖縄尚学高等学校が全国選抜高校野球で初優勝しました。その時、当時の野中広務官房長官が沖縄を訪れ、「戦争で苦労してきた沖縄の新しい世代が、ついに高校野球で全国優勝するまでになったことを大変嬉しく思う」という趣旨のスピーチをしました。その場にいた先生やメディアの人たちが思わず目頭を押さえるような、実に感動的な挨拶でした。

佐藤総理や小渕総理、野中官房長官など、彼らは皆、沖縄の問題を本氣で解決しようとしていました。だからこそ保守・革新の違いを超えて、沖縄の人たちの心に響く言葉を発することができたのだと思います。

なぜ彼らはそれほどまでに沖縄のために尽力してくれたのでしょうか。それは、沖縄戦の悲劇、そして戦後も沖縄が米軍統治下に置かれてきたことに心を痛めていたからだと思います。

戦争体験のある政治家たちは皆、戦争の恐ろしさや残虐性といったものを理解していました。それは本で読んだり、映像で見たりするのとは違って、文字通り皮膚感覚で理解していたのだと思います。

戦争体験があるかどうか、これは決定的に重要な点です。特に、沖縄で行われた地上戦は、想像を絶するほど悲惨なものでした。

家族を手に掛けるという悲劇

１９４５年8月、日本は戦争に敗れました。アメリカは前年から沖縄に対して空襲を始めており、３月になって上陸作戦を開始しました。

沖縄戦は凄惨を極め、日本人の死者は18万８１３６人に上りました。この内の約半数が沖縄の一般市民です。ここに病気で亡くなった方なども加えると、県民の４人に１人が命を落としたことになります。

私が子供の頃には沖縄は既に本土に復帰していましたが、沖縄戦について家族や近所の人たちなどから話を聞いた記憶はありません。「話したくない」という人が大半でした。戦争中はそれだけ悲惨な出来事が多く、筆舌に尽くしがたいものがあったのだと思います。

とりわけ、沖縄戦末期に起こった集団自決は大変な悲劇でした。これは、沖縄の住民たちが、沖縄に駐留していた日本軍から自決を命じられたとされる事件です。

これにより、多くの人たちが自らの家族を手に掛け、さらには近所の人たちまでも殺害したと言われています。

親が自分の幼い子供を手に掛けるという悲劇。沖縄の人間が沖縄の人間を手に掛けるという悲劇。家族を殺してしまった人たちは、その時のことを一生忘れることができないでしょう。

沖縄集団自決については様々な議論があると思います。これまでも、日本軍が本当に軍命令を下したのか、何をもって軍命令とみなすのかなど、多くの人たちがこの問題をめぐって議論を戦わせてきました。

私は集団自決について、日本軍の責任は免れないと考えています。日本軍が駐留していなかった島では集団自決は起こっていません。その点からも、日本軍が集団自決に関与したことを否定するのは難しいと思います。

米軍の残虐性

それでは、全ての責任は日本政府に、あるいは日本軍にあるのかと言えば、それもまた一面的な理解だと思います。

戦後まもなく沖縄タイムス社が出版した『鉄の暴風』という本があります。これは大変物議をかもした本で、裁判にまで発展したので、ご存知の方も多いと思います。

私もこの本を読んだことがありますが、この本にはいくつか問題点があります。ここには、渡嘉敷島で集団自決命令を下したとされる赤松嘉次隊長の部下として、知念朝睦《ちねんちょうぼく》という人が出てきます。知念氏は沖縄県出身者で、集団自決が起こったという知らせを聞いた時、悲憤のあまり慟哭《どうこく》したと記されています。

知念氏は数年前にお亡くなりになりましたが、私の後援会の顧問を務めていただいていました。以前、知念氏にお話をうかがったところ、「私は泣いた覚えもないし、記者から取材を受けた覚えもない」とのこと。「あれは歴史の本じゃなくて文学だ」とおっしゃっていました。

『鉄の暴風』の初版が出版されたのは1950年です。この時、沖縄はまだ米軍の占領統治下に置かれていました。当然、出版物は全て米軍による検閲を受けており、米軍の占領政策に沿うものでなければ出版することは許されませんでした。

『鉄の暴風』の「まえがき」には次のように記されています。

……われ〳〵は、日本軍国主義の侵略戦の犠牲となつたが、われ〳〵がいわんとするものは、もつと、深いところにある。

『民族を越えた、人間としての理解と友情。』われ〳〵は、それを悲願し、永遠の平和を冀求《ききゅう》する。さらに、われ〳〵沖縄人としては、すぎ去つた『悪夢のような戦争』を、忘れることなく、もう一度、当時を顧みて、一つの猛省の機とし、併せて、次代への新らしい発展を期する資料となし、後世に傳《つた》えて、再びあの愚をくりかえさぬよう熱願したい。
（中略）なお、この動乱を通じ、われ〳〵沖縄人として、おそらく、終生忘れることができないことは、米軍の高いヒューマニズムであつた。国境と民族を越えた彼らの人類愛によつて、生き残りの沖縄人は、生命を保護され、あらゆる支援を与えられて、更生第一歩を踏みだすことができたことを、特筆しておきたい。

確かに沖縄に駐留していた日本軍には批判すべき点があったと思います。沖縄で起こった集団自決について、日本軍の責任は免れません。

しかし、沖縄に上陸した米軍がそれほど素晴らしい存在であったかと言えば、それもまた疑問です。

米軍は一般住民たちが平凡な暮らしを送っていた空間に、無差別に艦砲射撃をしながら上陸しました。その爪痕は今でも残っており、不発弾の処理にはあと80年かかると言われています。

また、米軍は火炎放射器と圧倒的物量により、子供からお年寄りまでをも恐怖のどん底に陥れました。

それ故、私はアメリカもまた沖縄戦について責任を免れないと考えています。日本軍の責任を追及する一方で米軍の責任を棚上げにしていては、沖縄戦の本質を見誤ってしまうでしょう。

沖縄と本土の分断を謀るアメリカ

私はここで地元メディアを批判するつもりはありません。当時の沖縄が置かれていた社会状況を考えれば、メディアがそのような判断をしてしまうのも無理もないことだったかもしれません。

しかし、現在手に入る資料からは、米軍が決してヒューマニズムに満ち溢れた存在でないことは明らかになっています。彼らは沖縄占領時より、沖縄と本土を分断することを狙っていました。

沖縄統治に多大な影響を与えた『民事ハンドブック』という分厚い本があります。これは沖縄統治に従事する将校向けの参考書として書かれたものです。この本の執筆には、「核家族」という概念を確立したアメリカ文化人類学の大家であるジョージ・マードックが深く関与していたと言われています。

私はこの本を読んでびっくりしましたが、この本は全編を通して「沖縄は日本ではない」

というテーゼで貫かれているのです。

実際、ダグラス・マッカーサーも「沖縄人が日本人でない以上、アメリカの沖縄占領に対して反対しているようなことはないようだ」と発言しています。先ほど引用した『鉄の暴風』にも「沖縄人」という表現が出てきましたが、ここからも、アメリカが沖縄と日本は別の存在であると考えていたことがわかります。

その他にも、沖縄占領軍はクリスマスプレゼントと称して、沖縄の伝統芸能である沖縄芝居の上映を許可しています。彼らはそこで琉球方言を使用することを奨励しました。あえて方言を使用させることで、沖縄と本土の違いを意識させようとしたわけです。

この政策は今日まで続いていると思います。例えば、ケビン・メア氏も、先述した国務省内の講義で、「沖縄県民はアメリカよりも日本に対して怒りを持ち、不満を募らせている」と述べています。

沖縄県民が日本本土に不満を募らせているのは事実ですが、それはアメリカの基地政策が原因です。また、県民の怒りが日本政府にばかり向くような働きかけがあることも否定できないと思います。

誰が日本軍に密告したのか

集団自決の起こった渡嘉敷島や座間味島は、私の選挙区でもあります。私は島民の方々にお話を聞いた時、「國場さん、この問題はあまり突っ込まない方がいいよ」と言われたことがあります。

「なぜですか」と尋ねたところ、「日本軍の行った残虐行為に、沖縄県民たちも当事者として巻き込まれていたから」と。私はその話を聞き、大変な衝撃を受けました。

本土から来た日本軍には地元のことはわかりません。米軍がどこから上陸する可能性があるか、米軍のスパイである可能性があるのは誰かといったことは、地元の人に聞くしかありません。実際、沖縄戦の最中には、沖縄県民が沖縄県民を密告するといった悲劇もあったそうです。

もちろん日本軍から強制されて密告した場合もあったでしょう。あるいは、自分たちも日本人だと思われたいという一心から、過剰に日本軍に同化し、同じ沖縄県民を裏切ってしまった場合もあったと思います。軍隊に取り入ってでも自分だけは生き残ろうとした人もいたかもしれません。

戦争とは、人の命の奪い合いです。そのような極限状況では、敵・味方という単純な構図だけでは説明できないようなことも起こります。自分の命を守ろうとしたことが、他人の命を奪うことにつながってしまうこともあります。

戦後、沖縄の人たちが戦争について語りたがらなかったのは、自分が生き残ってしまったことに罪の意識を感じていたからだと思います。幸運にも生き残ることができたとしても、「なぜ自分だけが生き残ったのか?」、「あの人は自分のせいで死んでしまったのではないか?」と、問わずにはいられなかったと思います。

この問題を突き詰めていけば、県民同士の関係がおかしくなってしまう恐れもあります。私は、あえて曖昧なままにしておくことも必要ではないかと考えています。

もちろん歴史の真実を究明するなと言っているのではありません。重要なことは、この悲劇と向き合い、考え続けることです。

国民国家を崩壊させる深刻な事態

私は沖縄県議会議員の頃、県議会の定例会で集団自決問題について取り上げたことがあります。

当時、高校歴史教科書検定から、沖縄戦の集団自決について日本軍が強制したとする記述が削除されたことが大問題になっていました。文部省の対応に誠意がなかったため、自民党沖縄県連からも怒りの声が上がり、県民大会も開かれました。

　私は県議会で次のようなことを述べました。


　政府にとっての悲劇は、この問題が日本という一つの国民国家を崩壊させるくらい深刻な事態になり得るということが、深いレベルでわかっていない点にあります。

　政府はこの問題について、皇民化教育や軍国主義教育があったとはいえ、集団自決は国に殉じた美しい死であると捉えたいと考えているようであります。

　それに対して沖縄では、集団自決の背景には「軍官民共生共死」の思想や、米軍への過剰な恐怖心を植えつけられたこと、さらには降伏を絶対に許さない広い意味での教育があったのであり、大部分の沖縄県民は生活の場がそのまま戦場と化したため、事態をよく理解できないまま恐怖の中で命を奪われたという見方をしております。

　この対立は国の共同体意識の崩壊を招き、ひいては日本という国民国家の内部に大いなる断絶と分立を生む恐れがあります。政府はこの事態の深刻さを理解していないのではないかと危惧しております。

　私は復帰世代の生まれでありますし、当時の悲劇的な出来事もわかりません。だから集団自決と日本軍との関係については、多くの歴史家の研究の蓄積やあらゆる立場の証言者の話を重んじるというスタンスであります。

私はそれと同時に、当時の軍隊に全ての責任を押し付けるのはいかがなものかとも考えます。軍が諸悪の根源であり、他の全ては被害者であるという考え方は表層的ではないでしょうか。

生きて捕虜になるより自決をせよという教えや戦争協力体制を、地域共同体の末端にまで浸透させたのは誰か。それは、行政機関や教育者、マスコミです。彼らにも責任があります。

また、軍隊の暴走を許してしまった憲法体系と政治家の責任も極めて重いと考えます。

さらに言えば、米軍の責任を不問に付していいのでしょうか。彼らは、何の罪もない一般住民が生活していることをわかりつつ、島々に対して艦砲射撃を撃ちまくっておりました。

集団自決の悲劇には様々な要素が絡んでいると思います。それ故、日本や沖縄、そしてアメリカの沖縄戦歴史研究家が今一度集団自決について真実の究明をするということが大事であると考えます。

政治的な立場により集団自決の捉え方に齟齬《そご》があるのは、沖縄にとっても不幸なことです。戦前の軍隊組織は住民を守らないどころか、場合によっては住民を殺害するという歴史的体験を持つ沖縄だからこそ、今を生きる我々が将来へどのような教訓を汲み取るかが大切なのであります。

ただ歴史を学ぶのか、それとも歴史に学ぶのか。自由闊達な歴史観を言い合える空気を大切にしながら、我々は絶えず歴史に学んで未来を切り開いていくことが大切でありましょう。

平和を築くために戦争を学ぶ

先の戦争から学ぶべき教訓はたくさんあります。何よりも大切なのは、二度と戦争が起こらないようにすることです。親が子供を手に掛けるという悲劇、知人・友人同士が殺し合うという悲劇、こうした悲劇をもう二度と繰り返してはなりません。

しかし、二度と戦争を起こしてはならないと誓っても、それでも戦争が起こってしまうこともあります。大変残念なことではありますが、それもまた真実です。

それ故、もし不幸にも戦争が起きてしまった場合、それでも人の命を守るためには何ができるかを考える必要があります。

私は、そのためには2004年に成立した国民保護法が重要になると考えています。

国民保護法とは、正式には「武力攻撃事態等における国民の保護のための措置に関する法律」と言います。これは、武力攻撃事態などにおいて、武力攻撃から国民の生命、身体及び財産を保護し、国民生活などに及ぼす影響を最小にするための、国や地方公共団体などの責務、避難・救援・武力攻撃災害への対処などの措置について規定したものです。

沖縄県議会で国民保護法制が議論になった時、「こんなことを議論すれば戦争に巻き込まれるぞ」と反発する人がたくさんいました。与党の中にも賛成討論をする人がいなかったため、最終的に私が行うことになりました。

私は、国民保護法を次のように理解しております。

災害やテロや紛争、その他いかなる危機的な事態においても、県民・国民の生命、人権、財産、名誉、生活を守るように努めることが行政の責務であり、政治の使命である。有事とはいえ、軍の論理を優先し、住民の安全を疎かにすることは許されない。非常事態における県民・国民の生命の緊急避難措置法、それが国民保護法であると。

当然のことでありますが、有事という事態が発生しないように国や県における政治指導者は、世界各国、近隣地域の国々と絶えず友好親善を図り、外交努力に懸命に努めていかなくてはなりません。当たり前の話であります。

しかし、不幸にも有事という事態に巻き込まれましたら、国民と県民の生命、安全、名誉、人権を最後まで守らなければなりません。

国民保護など議論せず、政治と行政は外交努力に努めるだけでいいと安易に言い切り、緊急事態下における県民の安全を考えないことは、あまりにも無責任であり、怠慢であり、想像力が欠如しており、リアリティがないと私は考えております。

有事という事態を行政や議会が考えずに、誰がどこで考えるのでしょうか。他にはおりません。そして、国民保護法を中心とした有事関連法がなければ、自衛隊は超法規的な措置をとらざるを得なくなります。それを避けるためには何が必要なのか、帰結する答えは明らかであります。

私は、多くの有人離島を抱える沖縄だからこそ、広大な米軍基地が集中する沖縄だからこそ、そして多数の犠牲者を出したあの地上戦を経験した沖縄だからこそ、県民一人一人の生命を守ることにもっと貪欲《どんよく》になり、国民保護の議論を尽くしていかなくてはならないと信じております。

賛成討論中には傍聴席から激しくヤジが飛び、地元のマスコミには完全に黙殺されました。

しかし、マキャベリが「天国へ行くために最も有効な方法は、地獄へ行く道を熟知することである」と言っているように、平和を築くためにこそ戦争や軍事のメカニズムを深く学ばなければならないと思います。

平和を求めるのはある意味で当然のことです。その平和を築くために、あらゆる事態を想定し、対策を練ることが必要なのです。

沖縄もまた差別してきた

繰り返しになりますが、私は保守の本質は寛容性であると考えています。それは、虐げられてきた人たちにも目を向け、包み込むことです。佐藤総理や橋本総理らが沖縄に対して温かい眼差しを向けてくれたのは、彼らがまさに保守であったからだと思います。

この観点からすると、沖縄にも改めなければならない点があります。

沖縄ではしばしば「沖縄は本土から差別されている」と言われることがありますが、沖縄もまた他者を差別してきたという歴史があります。沖縄は「人類館事件」を重く受け止めるべきです。

1903（明治36）年、日本政府主催による勧業博覧会が大阪で開かれました。その際、会場の周辺には見世物小屋が立ち並びました。

その中に「学術人類館」というものがありました。そこには何と、アイヌ人や台湾人、朝鮮人など、生身の人間が展示されていたのです。そして、その中には琉球人も展示されていました。

これに対して、当時の琉球は日本政府に抗議しました。しかし、その内容は「琉球人をアイヌ人と一緒にするな」というものでした。沖縄も他の民族を差別していたのです。

また、琉球王国は薩摩から侵略された立場ですが、琉球王国もまた先島諸島をはじめとして周辺の国々を侵略してきたという歴史も忘れてはなりません。

かつて琉球には三つの王国があり、それぞれ北山《ほくざん》、中山《ちゅうざん》、南山《なんざん》と呼ばれていました。1429年、中山王であった尚巴志は三山を統一し、琉球王国最初の統一王朝を樹立しました。

私の家系は尚巴志の末裔に当たります。私自身が滅ぼしたわけではありませんが、複雑な思いも感じます。そのため、私は鎮魂の意味を込めて、定期的に今帰仁城跡《なきじんぐすくあと》などを訪問しています。今帰仁城跡とは、北山王の居城があったところです。

以前、新聞広告クリエーティブコンテストで「めでたし、めでたし？」という作品が最優秀賞を受賞したことがありました。そこには、涙を流す鬼の子供の背景に、「ボクのおとうさんは、桃太郎というやつに殺されました。」という文字が書かれていました。私はそれを見た時、思わず胸に込みあげてくるものがありました。

たとえ立派なことをしたとしても、滅ぼされた側からすれば、それは所詮侵略者であり殺人者です。侵略されたことを喜ぶ民族はいません。

自分のことを棚上げして他人を批判しても、説得力がありません。沖縄も、自らの歴史を総括すべきです。

鎮魂としての遺骨収集

また、沖縄は遺骨に対する姿勢も改めるべきです。

私は子供の頃、工事現場で遺骨が見つかった時に、何事もなかったかのように工事が進められているのを見て、大変ショックを受けたことがあります。

工事中に不発弾が見つかれば、危険なので当然工事はストップします。また、文化財が発見された時も工事はストップします。ところが遺骨の場合はそうではないのです。

もっとも、それには宗教的な理由もあるかもしれません。沖縄には洗骨《せんこつ》という風習があります。これは、一度土葬した後、死者の骨を綺麗に洗い、納骨するというものです。この風習は沖縄の他には客家《はっか》にしか見られないと言われています。沖縄の骨に対する思いは、他の県とは少し違うのです。

とはいえ、死者の魂を鎮めることは絶対に必要です。死者の魂を蔑《ないがし》ろにしているようでは、未来を切り開くことはできません。

現在、沖縄県内の遺骨収集は厚生労働省やNPO団体などによって行われています。私は数年前から友人たちと一緒に参加していますが、沖縄県民の参加者が少ないことが気になります。

また、沖縄に埋まっている遺骨の状況を考えれば、現在の体制では不十分です。国がしっかりと予算をつけて、最後の一柱まで探し出すべきです。

天皇と沖縄

沖縄で保守である以上、どうしても避けられない問題があります。それは天皇をめぐる問題です。

私自身は、沖縄は天皇と共にあると思っています。私は沖縄の事務所に昭和天皇の写真を飾っており、東京の議員会館には今上陛下の写真を飾っています。政治活動に取り組んでいる際も、常に皇室と共にあるということを意識しています。

しかし、沖縄の一部では、天皇はある種のタブーになっているようなところがあります。それはやはり、先の戦争の影響が大きいと思います。沖縄戦の責任者として、昭和天皇を名指しする声もあります。

また、昭和天皇が占領統治時代に述べられたとされる「天皇メッセージ」も影響していると思います。

これは、昭和天皇がマッカーサーに対して、日本の安全保障を維持するために、アメリカが沖縄の軍事占領を継続することを望むと述べられたとするものです。そのため、昭和天皇は日本本土を守るために沖縄を切り捨てたと言われることもあります。

私には「天皇メッセージ」の真偽について検証する力はありません。沖縄と本土を分断するために、アメリカ側があえて虚偽の事実を公表した可能性もあるのではないかとも思いますし、「天皇メッセージ」の有無に関わらず、いずれにせよ米軍は沖縄駐留を継続していたようにも思います。

それよりも遥かに重要なのは、昭和天皇が絶えず沖縄を気にかけておられたという事実です。昭和天皇はついに沖縄の地を踏まずにお亡くなりになられましたが、昭和天皇ほど沖縄について心を砕かれた方はいないと思います。

昭和天皇の御製には、

思はざる　病となりぬ　沖縄を　たづねて果さむ　つとめありしを

というものがあります。これは那覇にある波上宮《なみのうえぐう》という神社に掲げられています。沖縄を訪れたくとも訪れることができない無念さを詠われたのだと思います。

なぜ今上陛下は琉歌を詠まれるのか

沖縄に心を砕かれているのは、今上陛下も同様です。今上陛下は自ら沖縄の言葉を勉強され、琉歌もたくさん詠まれています。琉歌とは沖縄に伝わる歌謡のことです。

外間守善《ほかましゅぜん》氏という、琉球王国時代の歌謡集である『おもろそうし』の研究家として知られている方がいます。外間氏は度々今上陛下にご進講されており、琉歌の添削などもされていました。

外間氏が言うには、「歴代の琉球王にも、今上陛下ほど琉歌を詠まれた方はいなかった」とのことでした。

今上陛下は2013年の歌会始でも、沖縄県の景勝地である万座毛《まんざもう》や恩納岳《おんなだけ》について詠まれておりました。

万座毛《まんざもう》に　昔をしのび　巡り行けば　彼方恩納岳《あがたおんな》　さやに立ち足り

皇后陛下も同じように沖縄について詠まれたことがあります。私は沖縄出身の人間として、大変恐縮であると同時に光栄に感じました。

今上陛下の思いは沖縄県民にも伝わっていると思います。2012年に天皇皇后両陛下は初めて久米島に行幸啓されました。久米島は人口8000人ほどで、選挙では革新系が優勢な地域です。そのため、セキュリティは大丈夫なのか、島民が奉迎しないのではないかといった不安がありました。ところが当日には、およそ5000人もの島民が熱烈に両陛下を奉迎したのです。

とはいえ、沖縄の一部では、未だに天皇陛下に対して否定的な声が聞かれることもまた事実です。私は保守政治家として、天皇陛下の沖縄に対する思いを、そうした人たちにもしっかりと伝えていきたいと思っています。

第三章

「復帰っ子」として生まれて

1972年、沖縄返還を報告する佐藤栄作首相

「復帰っ子」に対する期待感

私は昭和48年（1973年）1月10日に、沖縄県那覇市で生まれました。1972年に沖縄が本土に復帰したことから、1972年度に生まれた子供たちは「復帰っ子」と呼ばれていました。

私たち復帰っ子は「復帰っ子、小学生になる」、「復帰っ子、成人になる」といったように、何か節目を迎える度に地元のメディアから取り上げられ、絶えず社会から注目される存在でした。

それは今日においても同様です。私が2012年に行われた衆議院選挙で初当選した際も、地元のメディアは「復帰っ子、金星」という見出しを掲げ、大きく取り上げてくれました。

沖縄社会がこれほどまでに復帰っ子に注目するのは、この世代に対する期待感が大きいからだと思います。

私たちの親の世代、そのまた親の世代は、沖縄戦という辛い体験をしました。沖縄戦が終わり、やっと平和が訪れたと思ったら、今度は米軍の銃剣とブルドーザーによって追い立てられ、占領統治時代が始まりました。

占領統治下で、沖縄は米兵の犯罪や人権侵害に悩まされました。しかし、日本政府は沖縄の窮状を救うことができませんでした。本土復帰以前の社会状況を知る人たちの間で、「自分たちは日本人として扱われていないのではないか」、「自分たちは本土から差別されているのではないか」という思いが強いのは、こうした経験があるからだと思います。

米軍統治時代には、沖縄と本土の間に大きな社会的格差も生まれました。当時、日本は高度経済成長を経験しており、本土では遍《あまね》くインフラ整備が行われていました。しかし、沖縄は米軍の占領下にあったため、その恩恵を受けることができませんでした。そのため現在でも、県民所得や教育水準、産業育成といった点で、本土との間に格差が残っています。

沖縄社会は復帰っ子に対して、こうした状況を変えてほしいという期待感を持っているのだと思います。

生まれながらに「日本人」である復帰っ子であれば、本土の人たちと対等に扱われるのではないか。復帰っ子であれば、本土の人たちと互角に議論し、沖縄を本土と同じくらい豊かにできるのではないか。そして、米軍基地の負担を軽減できるのではないか――。

私たち復帰っ子は幼い頃から、このような周囲の期待をひしひしと感じながら成長しました。そこには否が応でも社会に目を向けざるを得ないような環境がありました。

私が政治家を志そうと考えるようになったのも、一つには、そうした社会の期待に応えたいと思ったからです。

宗教教育から学んだこと

私は幼少の頃、愛児幼稚園というカトリック系の幼稚園に通っていました。今年で創立60周年を迎える、日本で最も歴史あるカトリック系幼稚園の中の一つです。

沖縄にはカトリックの信者は多くありませんが、米軍統治下にあった影響からか、教会の数は割と多いようです。

幼稚園では、先生やシスターたちから絵本をたくさん読んでもらいました。その時に読んでもらった絵本の内容は今でもよく覚えています。

一人の子供が断崖で遊んでおり、今にも崖から落ちそうになっている。しかし、子供は自分のいる場所が崖の上だということに気づいていない。そこに天使がパタパタと飛んできて、必死に子供を守ろうとしている――。

シスターは子供たちに絵本を読み聞かせながら、「天使は人の目には見えないけど、みんなをずっと見守っています。人が見ていないからといって悪いことをしてはいけません」、「人の目はごまかせても、神様をごまかすことはできません」と話していました。

特に印象的だったのは、「人間の肉体は滅びるけれども、良いことをすれば天国に行けます」

という、「人間の死」に関する話です。

私は先生の話を聞きながら、「ああ、人間は死ぬんだな」、「だったら何歳まで生きていられるのだろう」などと考えていました。初めて「死とは何か」という問題を突き付けられた瞬間でした。

その後、小学校から大学までの学校教育の中で、目に見えないものが存在することや、人間は有限な存在であるということを教わった記憶はありません。その意味でも、幼稚園での教育は大変貴重なものだった思います。

もとより、私自身はカトリック教徒ではなく、日本古来の先祖崇拝を大切にしています。しかし、幼稚園で教わったことは私の政治活動の原点ともなっています。

私はかねてより、教育の基礎として「霊育」が大切であると訴えてきました。人間社会というものは、言葉で説明できる合理的なものだけで構成されているわけではありません。神仏や先祖など、目に見えないものに対する感謝と畏敬の念を持つことで初めて、謙虚さや心の豊かさを得ることができると思います。

昨今では、給食費を払ったのだから「いただきます」と言う必要はない、などといった親御さんがいると聞きます。これもまた「霊育」が足りないために生まれた風潮だと思います。

「共産党に投票しましょう」

私は学校の成績はあまり良い方ではありませんでした。小学校の頃の通信簿などを見ても、「先生の話を聞かない」、「協調性がない」などと、散々な書かれようです。

それは、沖縄の教育界で力を持っていた沖教組（沖縄県教職員組合）の先生たちと、どうしても反《そ》りが合わなかったからだと思います。

沖教組の先生たちは政治色が強く、授業中でも平気で政治の話をしていました。ある先生が授業の合間に、「明日は投票日です。皆さんはお父さん、お母さんに、共産党の瀬長亀次郎さんに投票するように言いましょう」と話していたことを、今でもはっきりと覚えています。

この選挙には私の大叔父である國場幸昌も立候補していたので、子供ながらに「この先生は何てことを言うんだろう」と、強い反発を覚えました。

もっとも、幸いなことに、私の大叔父はこの選挙で無事に当選を果たすことができました。大叔父は当時、自民党の若手タカ派議員たちが作った「青嵐会」に属していました。沖縄で「青嵐会」の議員が当選するなど、ほとんど奇跡に近いことでした。

こうしたことがあったためか、私は自然とクラスのいわゆる優等生ではないグループの人たちと付き合うようになりました。今でも彼らとの友人関係は続いており、選挙でも実によく助けてもらっています。

祖父・國場幸太郎

私には幼い頃から常に意識している人物がいます。祖父の國場幸太郎です。祖父は國場組という企業を創業し、建設業を営んでいました。

沖縄にある米軍基地の多くは、祖父が米軍から受注して建設したものです。当時はまだ沖縄戦の記憶が生々しい頃だったので、「なぜ國場組は米軍基地を建設するんだ。お前たちはアメリカの手先になったのか」と、激しい反対運動が起こったそうです。

しかし、祖父は「米軍はいつまでも沖縄にいるわけじゃない。将来沖縄に基地が返還された時、これは必ず沖縄の財産になる。その時のためにも、今は米軍の工事をする必要があるんだ」という信念のもと、基地建設に取り組んでいました。

また、祖父は常々「沖縄はアジアや世界市場とリンクしながら発展していくべきだ」と言っていました。そのため、國場組は国際入札で次々と仕事を取っていました。

沖縄は米軍統治下に置かれていたので、当然日本政府の支援を受けることはできません。

國場組はそうした中でも世界市場で勝負できるほどの競争力をつけていました。実際、私が小学校の頃まで、サウジアラビアにも國場組の事務所がありました。

祖父は米軍統治の時代から那覇空港の滑走路の増設を主張していました。当時は誰も相手にしなかったそうですが、沖縄では今年から増設工事が始まっています。その先見の明には驚くべきものがあります。

沖縄が本土に復帰した後、祖父は沖縄の防衛協会の会長に就任しました。防衛協会とは、防衛問題に関する調査や研究を行い、自衛隊の活動を支援することを目的として作られた組織です。

この時もやはり、祖父は激しい批判にさらされました。沖縄には日本軍の記憶が残っており、多くの人たちが自衛隊に対して強い拒否反応を示していたからです。「軍隊は住民を守らない」、「國場は一体何を考えているんだ」と、連日のように罵詈雑言を浴びせられたそうです。

祖父はメディアの役員なども兼任していたので、その労働組合からも激しく突き上げられ、「防衛協会の会長を取るか、会社の役員を取るか、どちらかを選べ」と迫られました。

祖父はそれに対して、「私は防衛協会の会長を選ぶ。これはいずれ、必ず沖縄にとって重要な組織になる」と言い放ち、役職を投げ打って防衛協会の会長に就任しました。

偉人の生き様に憧れて

私は幼い頃から度々祖父の話を聞かされていたので、自然と祖父のことを意識するようになりました。

しかし、祖父を意識するようになった理由はそれだけではありません。小学校や中学校の頃、学校の先生など周りの人たちから事あるごとに「あなたのお祖父さんは國場組の社長の國場幸太郎さんですよね」と言われていたからです。

先生がそんな話を始めれば、クラスメイトの視線は私の方へ集まります。私はそれが嫌で嫌で堪《たま》りませんでした。

中学生の時、こんなことがありました。

数学の先生が授業中、一番前の席だった私に、「私は國場幸太郎さんを本当に尊敬しています。何もない田舎から出てきてこれだけの企業を作った。大変な努力をされたのだと思います」と話しかけてきました。

この時もクラスメイトの視線は私の方に集まりました。

先生はそれから「國場幸太郎さんは國場幸之助さんの何に当たるのですか」と尋ねてきま

した。私が國場幸太郎の孫だということを確認したかったのでしょう。

私は咄嗟に「いやー、会ったこともないし、よくわかりません」と答えてしまいました。それくらい注目されるのが嫌で仕方がなかったのです。

その他にも、國場幸太郎の孫だということで、「クラス委員長になってくれないか」とか「学級委員をやってくれないか」などと、新しいクラスになる度にお願いされました。

しかし、私は断固としてこれを拒否してきたので、そうした役職に就いた経験は一度もありません。

小さい頃からこうした経験が多かったためか、私は一人で本を読んで過ごす時間が多くなりました。

私の両親は「お小遣いは一切あげない」という教育方針だったので、30円のお菓子を買うのも一苦労でした。しかし、書籍代だけは例外で、本はたくさん買ってくれました。そのため、小さい頃から色々な本を読む機会に恵まれました。特に好んで読んだのが偉人の伝記です。

偉人の生き様に興味を持ったのは、幼稚園の頃に受けた宗教教育の影響だと思います。「人間の死」について教わって以来、「自分もいつか必ず死ぬ」ということが頭から離れませんでした。死を避けられないのであれば、この一度きりの人生をいかに生きるべきか。歴史に名を残した人たちはどのような生き方をしてきたのか。そんなことばかり考えながら毎日を過ごしていました。

中でも、チャーチルと佐藤栄作の伝記に強く惹かれました。この頃から、佐藤総理が実現した沖縄返還について、漠然と意識するようになりました。

「沖縄」を意識した日

私が政治家になろうと決心したのは中学校2年生の時です。「自分の生きる道はこれしかない」。そう決意した時のことは今でもはっきりと覚えています。

沖縄県は基地問題をはじめとして大きな問題を抱えています。沖縄で日々起こる問題を見るにつけ、こうした問題を早く解決しなければならないという思いが強くなっていきました。

また、「復帰っ子」として社会から注目されていたことも影響したと思います。

しかし、私は自分の決意を誰にも伝えませんでした。「政治家になりたい」などと口にすれば、「あいつは変な奴だ」と言われ、クラスで孤立するのが目に見えていたからです。

また、このことは両親にも黙っていました。大叔父が政治家だったため、政治家がどれほど大変な仕事であるかということを両親からいつも聞かされていました。それ故、両親に伝えれば必ず反対されることがわかっていたからです。

そのため、私は誰にも相談することなく、一人で政治家になるための下準備を始めました。

政治家になるとすれば、政治家をたくさん輩出している大学へ入学するのが近道です。データを取り寄せてみると、一位・東京大学、二位・早稲田大学、三位・慶應義塾大学、四位・日本大学の順番でした。東大にはとても入れるような成績ではなかったので、それ以外の大学を全て受験することにしました。

私は一浪の末、何とか日本大学に入学することができました。

日大在学中はテコンドーに打ち込んだり、山岳サークルやバイトなど様々な経験をし、友人との交流を深めました。

日大時代の経験で、特に印象に残っていることがあります。それは、クラスメイトから「沖縄の人たちって靴を履いているんですか？」と尋ねられたことです。

もちろん相手には全く悪気がなかったと思います。テレビで見るようなトロピカルなイメージがあったのでしょう。

他にも「國場さんは沖縄出身だから、英語が上手いんですよね？」と尋ねられたこともあります。沖縄は本土からこのように見られているのかと、自分が沖縄の人間であることを意識せざるを得ない瞬間でした。

もっとも、私が日大の授業に出ていたのは最初の内だけです。私は「政治には哲学が必要だ」という勝手な思い込みから哲学科に入学したのですが、これが大失敗でした。哲学科では語学の単位を取るために古代ギリシャ語やラテン語の授業を受けなければなりませんでした。しかし、いくらギリシャ語やラテン語を覚えたところで、政治家になれるとは到底思えません。「こんなことをしていたら人生の無駄だ」と思い、次第に大学に足を運ばなくなってしまいました。

とはいえ、授業に出ずにブラブラしていても政治家にはなれません。「このままでは人生が変な方向に行ってしまう」と思い悩んでいた頃、政界では竹下登首相や海部俊樹首相など、早稲田大学にある「雄弁会」というサークル出身の政治家が脚光を浴びていました。「雄弁会に入れば政治家になれるかもしれない」。私は再び大学受験を決意し、翌年、何とか早稲田大学に滑り込むことができました。

粗野で愚直な雄弁会

早稲田大学の入学式の翌日、私は早速雄弁会の会室に向かいました。ついに憧れの雄弁会に入ることができるということで、期待と緊張を抱きながら会室のドアを叩きました。ところが、中から返ってきた反応は予想外のものでした。私はてっきり「おお、沖縄から来たのか。遠くからよく来たな」と歓迎されると思っていたのですが、先輩たちは「君は何をしに来たんだ」といった対応なのです。

「雄弁会に入って政治の勉強がしたいんです」と伝えたところ、「だったら政治サークルに入ればいい」、「勉強がしたいとか、そんな軽い気持ちで来るんだったら来なくていい」と言われ、すっかり面喰ってしまいました。

私は、雄弁会はもっとスマートなサークルだと思っていました。颯爽《さっそう》と舞台に上がり、洗練された言葉を並べ、時には言葉巧みに黒を白と言いくるめる。そんなイメージを抱いていました。

ところが実際は全く違ったものでした。ボロボロのガクランを着た人たちが激しく論争し、哲学サークルかと思われるほど難解な言葉が飛び交う。粗野にして、愚直。何て意味のわからないサークルだと思った反面、その魅力にとりつかれ、何としても入門したいという思いが強くなりました。

また、雄弁会に入らなければ政治家にはなれないという直観もありました。そこで、必死に頼み込み、何とか入門を許可してもらうことができました。

「天の岩戸」で鍛えられる

私は早稲田大学に入学したというよりも雄弁会に入学したと言ってよいほど、サークル活動に熱中しました。サークル活動を通じて学んだことは今でも財産になっています。

とりわけ、雄弁会の合宿では人間性を鍛えられました。

合宿では「天の岩戸」と呼ばれる伝統行事がありました。これは、新入生のスカウトが上手くいったかどうかを、先輩たちがチェックするためのセレモニーのようなものです。

雄弁会では、新入生のスカウトは2年生の役割でした。これは厳しくてもダメ、甘くてもダメということで、スカウトする側の力量が問われる仕事でした。自分では上手くスカウトできたと思っても、相手がどう思っているかはわかりません。

合宿ではまず、2年生が一人ずつ会場に呼ばれて、「押入れに隠れろ」と指示されます。その後、1年生が何人か呼ばれ、3年生から「○○君のスカウトのやり方はどうだった」、「○○君はしっかりと対応してくれたか」と質問されます。

1年生たちは、押入れに2年生が隠れていることを知りません。そのため、彼らは学生らしく、辛辣な意見をズバズバと述べます。隠れて聞いている方にとっては堪ったものではありません。これが嫌で辞めていった仲間たちが何人もいました。

このセレモニーの目的は、2年生の評判を確認し、次期幹事長候補を絞り込むことでした。

私は「國場先輩は丁寧に説明してくれた」、「よく話を聞いてくれた」と、自分でも意外な評価を得ていました。

私より遥かに能力や人間性の優れた同期ばかりでしたが、この合宿が契機となって、私は幹事長選挙に立候補することになりました。

初めての落選経験

ところがこの選挙がまた非常に厳しいものなのです。サークルで2年間も一緒に活動していれば、お互いの欠点や問題点といったものがよく見えてきます。選挙ではそうした点を取り上げ、本当に幹事長に相応しいかどうか徹底的に議論します。

候補者たちはそれを通して、自分の至らなさや人望のなさといったものを、骨の髄まで認識させられるのです。

この選挙では、私は一つ上の先輩と一騎打ちになりました。何度も議論と投票を行った末、私は落選してしまいました。周りから自分の問題点を突き付けられた上での落選ですから、ショックは2倍です。これが私の初めての落選経験となりました。

とはいえ、ここで諦めるわけにはいきません。私は半年間の活動を経て、次の年も立候補することにしました。

この時の選挙で立候補したのは私一人でした。ところが不信任が多く、何度も質疑応答が行われました。不信任の理由は色々あるでしょうが、やはり私自身の力のなさが一番だったと思います。

投票が繰り返された結果、私は何とか一票差で幹事長に選ばれることになりました。幹事長選挙は精神的に辛いものがあり、もう立候補するのはやめようと思ったことも何度もありました。私はその後、沖縄県議会選挙を2回、衆議院選挙を3回経験しましたが、正直なところ、雄弁会の選挙の方がよほど辛かったと思います。あの時の苦しみを思い出せば、ちょっとやそっとのことで挫けることはありません。

ニューヨークで出会った韓国人

私は在学中はバイトにも精を出しました。留学費用を稼ぐためです。海外に留学し、肩書きも国籍も取り払った生身の人間として自分は一体どのようなものであるか、それを確認したいと考えていました。

バイトは色々なものを経験しましたが、東京ディズニーランドのレストランで働いたことが一番記憶に残っています。朝から晩までひたすらホタテを揚げ続けるという仕事内容でした。なかなかの激務で、マルクスが『資本論』で言わんとしたことが理解できたような気がしました。おかげで今でもホタテは苦手です。

留学先にはニューヨークを選びました。世界の中心に行ってみたいと思ったからです。また、アメリカは「人種のるつぼ」と言われ、コスモポリタン的なイメージがありました。そういう空気を体感したいという思いもありました。

アメリカでは様々な国の留学生と友達になりました。チェチェンから来た留学生は非常にフランス語が上手く、強烈なインパクトがありました。また、当時のアルゼンチンの大統領の姪っ子もいました。

韓国から来た留学生とも仲良くなり、色々な話をしました。彼には「日本人がこんなに良い奴だとは思わなかった。韓国の教育は偏っている」と言われました。

彼との交流は、韓国人の心情を理解する上でも非常に貴重な経験となりました。

ある日、彼と一緒にお酒を飲みながら議論している時に、「ところで幸之助は日本のどこ出身なんだ」と尋ねられました。私が「沖縄だ」と答えると、「ああ、沖縄だったのか！」と、身を乗り出してきたのです。

詳しく話を聞いてみると、「日本の中でも沖縄は虐げられてきた歴史があるから」との返答。

かつて日本の植民地とされた韓国の歴史が、沖縄の歴史と重なったのだと思います。

これは彼に限ったことではありません。韓国に留学したり、韓国に住んだことのある沖縄の人たちに聞いてみると、同じような経験があるという人がたくさんいました。

また、韓国人のクラスメイトたちは、1997年にアジア通貨危機が起こった際、「留学は資金さえ貯めればいつでもできる。今は国難の時だ。IMFが介入しているが、自分も国のために何かしなければならない」と、次々に帰国して行きました。韓国人はこれほど愛国心を持っているのかと、その姿には素直に感動しました。

南米の沖縄村

私はニューヨークでの留学が終えた後、ブラジルのサンパウロに住んでいる親戚に会うため、南米大陸に渡りました。

あまり知られていませんが、日本で一番海外への移民が多い県は沖縄県です。戦前には、沖縄県庁の収入の約半分が移民からの送金だった時期もあります。「ふるさと納税」の先駆けと言えるでしょう。

1908（明治41）年、日本からの移民団を乗せた貨客船・笠戸丸がブラジルのサンパウロへ向けて出港しました。乗船者800名の内、およそ500名が沖縄県出身者でした。彼らは南米の各地にコミュニティを形成しました。皆勤勉に働いたため、現地の人々から信頼され、高いステータスを獲得しました。ボリビアには今でも「沖縄村」と呼ばれる村があるそうです。

沖縄は琉球王国時代には、日本だけでなく中国や東南アジアなどとも交易を行っていました。様々な文化が流れ込む国際的な交流の場だったのです。その歴史は沖縄の人々のDNAに刻み込まれていると思います。だからこそ移民先に溶け込み、地域住民の信頼を得ることができたのだと思います。

こうした移民ネットワークは現在の日本外交にとっても役に立つはずです。国際化の進む現代だからこそ、沖縄は海外に住むウチナンチューと協力し、活躍の場を広げていくべきです。

私はその後、世界各地を転々として沖縄に帰りました。旅の中で様々な人たちと出会い、時には脅され、時には騙され、泥棒の被害にもあいました。しかし、それも含めて、得難い経験ができたと思います。

竹下総理のアドバイス

私は旅先から、沖縄の友人や知人たちにひたすら葉書を書いていました。27歳で沖縄県議会選挙に出ることを決めていたからです。

これは、雄弁会の先輩でもある竹下登総理大臣のアドバイスに従ったものです。直接お話をうかがったわけではありませんが、雄弁会では竹下総理の教えとして、「早稲田の学生は30代で国会議員になれ。そのためには20代で県議にならなければならない」という話が伝えられていました。

私は帰国後、沖縄セメントという会社に就職しました。そこでは営業を担当しましたが、営業のノルマをこなした後は、ゼンリンの地図を片手にひたすら戸別訪問をして回っていました。

沖縄セメントで働き始めてからしばらくして、琉球石油という会社の副社長をしていた先輩から連絡がありました。

「國場君の葉書を見たよ。政治家になりたいんだってね。実は今度、うちの会長が県知事選に出ることになったから、随行秘書をやらないか。良い経験になると思うよ」

当時の琉球石油の会長は稲嶺惠一氏が務めていました。既に述べたように、稲嶺氏はこの頃、現職の大田知事の対抗馬として県知事選挙への出馬表明をしていました。

私としては願ってもないことです。「こちらこそ是非ともやらせてください」と、すぐに随行秘書にしていただきました。

それから県知事選までの数カ月間は、稲嶺氏に付いて回る日々でした。一緒に様々な人に会い、公開討論会を側で聞いているだけでも、沖縄が一体どのような問題を抱えているのかを知ることができ、大変勉強になりました。

27歳で県議に初当選

それから2年後の2000年6月、待ちに待った沖縄県議会選挙がやってきました。私はサラリーマンの身分でありながら、那覇で立候補表明をしました。

しかし、周囲からは全く相手にされませんでした。どうせ口先だけだろうと思われていたのだと思います。地元の新聞にも取り上げてもらえませんでした。

稲嶺知事には以前から県議選に出ることを伝えていましたが、あまり相手にしてもらえませんでした。当時沖縄県議会には20代の議員はいなかったので、当選するはずはないと思われていたのだと思います。

もちろん家族からも大反対されました。両親からは「当選するはずがない」、「そもそもお前は政治家には向いていない」とまで言われました。

こうした時に力を発揮するのが友人関係です。特に小学校・中学校の頃、一緒に遊んでいた仲間たちが一生懸命手伝ってくれました。彼らは忙しい中を何度も集まってくれ、ビラや名刺を配ってくれました。

組織の助けがあるわけでもないので、人の何倍も汗を流すしかありません。友人たちと知恵を絞りながら、懸命に選挙運動に取り組みました。

その甲斐もあってか、少しずつ運動の輪は広がっていき、ついにはうねりのような盛り上がりを見せるまでになりました。

蓋を開けてみると、まさかのトップ当選。１万１５９８票もの支持をいただき、20代初の沖縄県議に選出されることになりました。

しかもこの得票数、「１１５９８《イイコクバ》」と語呂合わせになっていました。私はクリスチャンではないですが、神の啓示を感じざるを得ませんでした。

生意気な県議時代

もっとも、私はトップ当選をいただいたにも関わらず、県議は国政へのステップとしか考えていませんでした。今から考えると大変生意気な考えで、深く反省しております。

当時、那覇の沖縄一区には自民党と公明党による盤石な体制があったため、那覇にいる限り国会議員にはなれないという状況でした。そこで、私は一区から国政に出るのを早々に諦め、両親や妻の出身地である三区から選挙に出ようと考えました。そのため、日頃から三区の集会にばかり顔を出していました。

2003年、ついに国政選挙のチャンスが回ってきました。私は三区から立候補を表明しました。相手は自民党の現職議員です。私も自民党に所属していましたが、現職の国会議員がいるところから立候補したので、自動的に自民党県連から除名処分を喰らいました。

しかし、県議会選挙は無所属で戦っていましたし、その頃は生意気にも「政党のために政治をしているんじゃない」と考えていたので、除名を苦とは感じませんでした。

とはいえ、当時は自民党・森派の最盛期です。小泉純一郎総理大臣、安倍晋三自民党幹事長、町村信孝自民党総務局長と、森派は要職を独占し、飛ぶ鳥を落とす勢いでした。

この選挙では、沖縄科学技術大学院大学構想を掲げていた尾身幸次沖縄担当大臣が頻繁に沖縄入りし、さらには森喜朗元総理まで応援演説に駆けつけ、私の陣営を次々と切り崩していきました。

これではとても勝負になりません。3万5149の得票数をいただいたものの、あえなく落選しました。

後援会に土下座

国政選挙に一度落選したくらいで、政治活動を断念するわけにはいきません。私は那覇に戻り、再び県議選に出ることにしました。

しかし、そうは言っても、那覇に簡単に戻れるわけではありません。私は那覇から県議選に出たにも関わらず、国政選挙は第三選挙区から出馬しました。那覇の支持者たちに三区から国政に出ると告げた時には、「俺たちを見捨てるのか」と詰め寄られていました。

他方、三区にも義父の西田健次郎後援会や支持者をはじめ、私を国会議員にするために汗をかいてくれた方々がいました。落選したとはいえ、3万5149人もの方々から支持をいただき、熱狂的に応援してくれる仲間もできました。

彼らにとっては、私が那覇のある一区に戻ることは裏切り行為です。「俺たちは会社を潰してまで応援したのに、お前は逃げるのか」と、激しく責められました。

身から出た錆とは言え、一区と三区の板挟みになって非常に苦しみました。一区に戻ってみると案の定、「よく戻ってこられたもんだな」、「今さらどんな顔して戻ってくるのか」と、非難囂々でした。

私はひたすら頭を下げながら、自分の行為を恥じる毎日でした。これほど批判されるのだから、次の県議選には落選しても仕方がないと思っていました。

ところが2004年に行われた県議選では、再びトップ当選を果たすことができました。「もうこの選挙区を裏切ることはできない」と思い、私は後援会の皆さんに土下座をし、「4年間、県議を全うさせていただきます」と宣言しました。

国政選挙に二度目の落選

私は4年間の県議生活を全うした後、再び国政選挙に出馬するつもりでした。支持者の皆さんにも、次こそは国政にチャレンジさせてほしいとお願いしていました。

当時、私は自民党に復党していました。自民党の公認候補として国政選挙を戦うためには、まずは選挙区の支部長になる必要があります。

支部長候補としては、私以外にも8名ほどの方が手を挙げていました。しかし、私は一度自民党を除名された身です。「お前に支部長になる資格はない」と、多くの人から言われました。

最大の問題は、國場を支部長にして現職に勝てるのかということでした。

私が県議であった2005年、郵政民営化法案が参議院で否決されたため、小泉総理が衆議院を解散しました。この選挙はまさに小泉劇場で、全国の選挙区で自民党が圧倒的勝利を収めました。

ところが沖縄一区だけは例外でした。一区からは私の将来の対戦相手となる候補が無所属で出馬し、逆風を跳ね除けて勝利したのです。小泉旋風をも跳ね返す底力には、並大抵のことでは勝つことはできません。

さらには、公明党の理解を得なければ、沖縄一区で自民党の支部長は擁立できないという自公体制の大きな課題もありました。もともと沖縄一区は「平和の一議席」として、公明党の白保台一《しらほたいいち》議員が議席を持っていました。

支部長選考の先行きが見えない中、私は後援会の反対を押し切って次期県議会議員選挙の不出馬を表明し、退路を断ち切って支部長選考委員会に臨みました。

多くの批判を受けましたが、私は何とか僅差で支部長に選ばれることができました。ついに念願の自民党の公認を得ることができたのです。

2009年、麻生太郎総理が衆議院を解散し、総選挙となりました。私にとっては自民党公認による初めての国政選挙です。

ところがこの時は民主党の大ブームでした。国民は長らく続いた自民党政権に嫌気がさし、変革を求めていました。

そのため、この時の選挙も非常に厳しいものとなりました。名刺をお渡ししたところ、目の前で破られたことも何度もありました。街頭演説の最中にペットボトルを投げつけられたり、顔に唾をかけられたり、後ろから蹴っ飛ばされたりもしました。

私はこの選挙で6万3017票の得票をいただきましたが、現職には及ばず、再び落選することになりました。

「父ちゃんはまだ若いから大丈夫」

この選挙で最も辛かったのは、選挙結果が出た日の翌日、子供たちから「選挙に勝った?」と嬉しそうに聞かれたことでした。

選挙中は多忙であったため、子供たちと食事する時間さえありませんでした。子供たちには「選挙には必ず勝つから、そうしたらディズニーランドに行こう」と言い聞かせながら過ごしていました。

しかし、結果は投票日前から既に明らかでした。自民党本部からは「トリプルスコアで負けています」という調査結果が伝えられていましたし、マスコミも同じような当落予想を行っていました。

テレビのニュースでもかなり前から現職勝利という予想が伝えられていたので、子供たちにはテレビを見せないようにしていました。

私の勝利を信じ切っている子供たちに結果を伝えるのは苦しいことでした。子供たちに「いや、今回はダメだったよ」と言うと、ガクッと肩を落とし、布団にうつ伏せになってしまいました。

私は県議を辞めてから国政に出るまでの数年間、浪人生活を送っていました。その間、子供たちは学校などで「お父さんは何の仕事をしているの?」と尋ねられ、何も答えられなかったという経験があったのだと思います。それは幼い子供にとってはとても辛いことだったはずです。

子供の世界はある意味、リアルで残酷です。私は子供たちが学校で、「お前の親父は落選してみっともない」と言われ、肩身の狭い思いをしているのではないかと心配になりました。開票日の次の日がちょうど小学校の始業式だったので、私は学校まで迎えに行くことにしました。

学校からの帰り道、子供たちに「学校で何か言われなかった?」と尋ねたところ、「言われたよ」との返事。ああ、やっぱりそうかと思いながら、「何て言われたの？」と聞いたところ、「お前の父ちゃんはまだ若いから大丈夫だよ、だって」。

もしかしたら、子供たちは落選して落ち込んでいる父親を励まそうと思って嘘をついたのかもしれません。いずれにせよ、自分より遥かに若い子供たちから励まされたわけです。やはり子供は無限の可能性を持っているなと思った瞬間でした。

電話も止まった浪人時代

２００９年の選挙は圧倒的な逆風の中でしたが、私の惜敗率は自民党の新人候補の中で全国3位の成績を収めることができました。

そのため、再び支部長をいただけると思っていたのですが、「國場を支部長にして本当に現職に勝てるのか」、「そもそも國場は政治の何たるかがわかっていない」、「あいつを二度と支部長にしてはいけない」といった声が上がり、私は支部長になれないまま宙ぶらりんの状態に置かれることになりました。

この時は本当に苦しい時代でした。選挙のために大きな借金を抱えていたので、事務所の家賃を払うことができなくなりました。節約のために自動販売機で飲み物を購入せず、水筒を持ち歩いたり、パンの耳だけの朝食を続けるなど、生活費はギリギリまで削りましたが、秘書の給料も払えなくなり、そのため秘書も次々に辞めていきました。

ついにはガスや電気まで止まり、電話もつながらなくなるという事態になりました。最後まで残ってくれていたスタッフの方から、「私もとうとう辞めなければならなくなりました。後はよろしくお願いします」と言われ、「ああ、ついにこの日が来たか」と、思わず天を仰ぎました。このままでは選挙に出るどころか、家族を路頭に迷わせることになります。

しかし、この時も先輩議員を含む多くの方々が手を差し伸べてくれました。そのため、私は再び選挙区の支部長となることができました。

早稲田大学の雄弁会では「人間社会は人間存在ではなく人間関係によって成り立っている」ということを徹底的に叩き込まれましたが、まさに人間関係の大切さを実感した時でした。

選挙区の支部長になれば党からの支援を受けることができるので、何とか事務所を維持していくことができます。事務所さえ動いていれば、周りから「國場は次もやる気だな」と思っていただけるので、政治活動を続けることができます。私はどうにか窮地を脱することができました。

私はこの時のご縁から、衆議院議員になった後、古賀誠元自民党幹事長や岸田文雄外務大臣が率いる宏池会に入門させていただくことにしました。

我以外皆我が師

浪人時代は辛いことがたくさんありました。しかし、私はどこか楽観的な思いを抱いていました。

これは天が自分に与えた試練だ。もし時代が自分を必要としてくれれば、きっとまた当選することできるはずだ。この辛い時期を乗り越えることができれば、この先もどうにかなるだろう。とにかく努力だけは続けよう――。

もちろん私が政治活動を続けることができたのは、苦しい中でも手を差し伸べてくれた先輩方、一緒に戦ってくれた仲間たち、いつも支えてくれた家族、そして、私に投票してくれた有権者の方々がいたからです。こうした支えがあったからこそ、辛い時代を乗り越えることができました。

もとより、国会議員になることそれ自体が目的ではありません。国会議員となり、米軍基地問題をはじめとする沖縄と日本の抱える問題を解決することこそ、私に課せられた使命だと考えています。

私は国会議員に当選した直後、多くの支援者から「なぜ当選したのに笑わないのか」と尋ねられました。それに対して、「これから直面する困難な課題を考えると、素直に喜べないし笑えません」と答えたことを鮮明に覚えています。

稲嶺惠一元沖縄県知事は常々「我以外皆我が師」とおっしゃっています。様々な声を謙虚に受け止め、耳の痛い意見をこそ大事にし、真摯に誠実に言葉を紡いで歩んで行きたい。そのように考えています。

第四章

強大化する中国にどう立ち向かうか

尖閣諸島沖で海上保安庁の船に衝突する中国漁船

沖縄県民の中国観

現在、日本と中国は尖閣諸島をめぐって緊張関係が高まっています。中国は尖閣諸島の領有権を主張し、領海侵犯を繰り返しています。また、尖閣諸島上空を含む空域に防空識別圏を設定し、領空侵犯の意思をも示しています。

私は、沖縄こそ国家主権の問題や人権問題に敏感でなければならないと考えています。米軍基地問題を抱える沖縄は、誰よりも主権侵害の不当さや、人権侵害の辛さを理解しているはずです。それ故、沖縄は米軍基地問題だけでなく、他の主権侵害、人権侵害の事例にも目を向けるべきです。

とりわけ、尖閣諸島は沖縄県の石垣市に属しているため、沖縄にとっても決して他人事ではありません。

一部のメディアではしばしば、沖縄が尖閣諸島の領有権について中国の主張を支持しているかのように報道されることがあります。酷い時には、「沖縄は中国共産党にシンパシーを感じている」とか「沖縄は中国の言いなりだ」などと書かれることもあります。

私も同僚の国会議員から「沖縄県民は米軍基地には反対しているが、中国の領海侵犯についてはどう考えているのか」と尋ねられたことがあります。

しかし、日本の中で一番中国の脅威を感じているのは、間違いなく沖縄です。沖縄県は２０１２年末に、「中国に対する意識調査」を実施しました。そこでは、中国に対して「よくない印象を持っている」と答えた沖縄県民は31・１％に上りました。同じ年に認定ＮＰＯ法人「言論ＮＰＯ」が全国民を対象に行った調査では、中国に対して「よくない印象を持っている」と答えた人は17・６％という結果が出ています。これを見ればわかるように、中国に対する危機感は沖縄県の方が全国よりも高いのです。

それはある意味で当然のことです。中国に最も近いのは沖縄県だからです。自衛隊員の中にも、沖縄に来て初めて安全保障というものがリアルにわかったと述べている方がたくさんいます。

また、同じ意識調査では、日本と沖縄にとって中国との友好関係が必要だと考える沖縄県民は89・３％に上り、日中の友好関係に沖縄が果たすべき役割が大きいと感じている県民も83・９％という結果が出ています。

日本が地理的に中国の隣国であるという事実は１０００年経っても変わることはありません。中国と対立することがあったとしても、できるだけ友好関係を保っていくべきだというのは、実に現実的な考えです。

海上保安庁長官の危機感

私は沖縄県議会議員の時代から、尖閣諸島をめぐる問題について積極的に関わってきました。尖閣諸島周辺の海域を管轄する第11管区海上保安本部の方々にも、何度もお話をうかがいました。

彼らの話を聞いて真っ先に感じたのは、第11管区が担当する水域の広大さです。その広さは、およそ36万平方キロメートル。日本列島がおよそ38万平方キロメートルですから、どれほどの大きさかわかると思います。この海域の安全を守るためには、それ相応の人員や装備が必要です。

２０１０年9月に、尖閣諸島付近の海域をパトロールしていた海上保安庁の巡視船に、中国漁船が衝突した事件を記憶している方も多いと思います。当時の第11管区海上保安本部の職員は８２０名、装備は巡視船８隻、巡視艇10隻、固定翼機６機、回転翼機５機といった状況でした。

また、尖閣諸島は沖縄県に属するとはいえ、沖縄本島からかなり離れています。那覇港からは12時間、最も近い石垣港からでも4時間はかかります。

さらに、現行の法制度では、外国人が尖閣諸島に上陸するや否や、管轄は警察に移ることになっています。そのため、海上保安庁は警察組織や海上自衛隊と頻繁に連携をとりながら警備しなければなりません。11管区の方々には相当な負担がかかっていたと思います。

現在、海上保安庁長官を務めている佐藤雄二氏は、初めて現場から長官になった方です。佐藤長官は奥さんが沖縄県出身だということもあり、沖縄に対しても熱い思いを持っています。

私はこれまで何度か佐藤長官からお話をうかがう機会がありました。佐藤長官は、日に日に数を増す中国の公船に強い危機感を持っていました。

もちろん佐藤長官だけでなく、海上保安庁の職員の方々は皆、大変な緊張感を持って対応されています。厳しい状況の中、体を張って海を守っている海上保安庁の方々には、改めて敬意を感じました。

領有権問題を認める外交書簡

日本政府はこれまで、尖閣諸島は日本固有の領土であり、尖閣諸島をめぐる領有権の問題は存在しないという立場をとってきました。実際、尖閣諸島は日本が実効支配を行っています。

しかし、これを必ずしも額面通りに受け取ることはできません。日本政府はこれまで、尖閣諸島をめぐって領有権問題があることを実質的に認めるかのような対応を行ってきたからです。

1997年、日本は中国と日中漁業協定を締結しました。この協定の第6条には「相互入会い措置をとらない水域」が定められています。そして、第6条(b)として

北緯27度以南の東海の協定水域及び東海より南の東経135度30分以西の水域(南海における中華人民共和国の排他的経済水域を除く。)

という規定があります。これはまさに尖閣諸島を含む水域です。

それでは「相互入会い措置をとらない水域」とはどういう意味でしょうか。この協定には当時の小渕恵三外務大臣の名前で書簡が付属しています。そこには次のように書かれています。

本大臣は、本日署名された日本国と中華人民共和国との間の協定に言及するとともに、次のとおり申し述べる光栄を有します。

日本国政府は、日中両国が同協定第６条（b）の水域における海洋生物資源の維持が過度の開発によって脅かされないことを確保するために協力関係にあることを前提として、中国国民に対して、当該水域において、漁業に関する自国の関係法令を適用しないとの意向を有している。

本大臣は、以上を申し進めるに際し、ここに閣下に向かって敬意を表します。

つまり、日本政府は尖閣諸島の周辺水域では、中国国民に対して日本の漁業関係の法律を適用しないと宣言しているのです。

しかし、尖閣諸島は日本の領土である以上、中国人に対しても日本の法律を適用すべきです。ここまで中国側に配慮していては、中国との間に尖閣諸島をめぐる領有権の問題が存在するということを自ら認めているようなものです。

野放しにされる違法サンゴ船

このように、日中漁業協定は北緯27度以南を適用除外としています。これは昨年締結された日台漁業協定よりも遥かに自由度の高いものです。この海域であれば、漁船がどのような

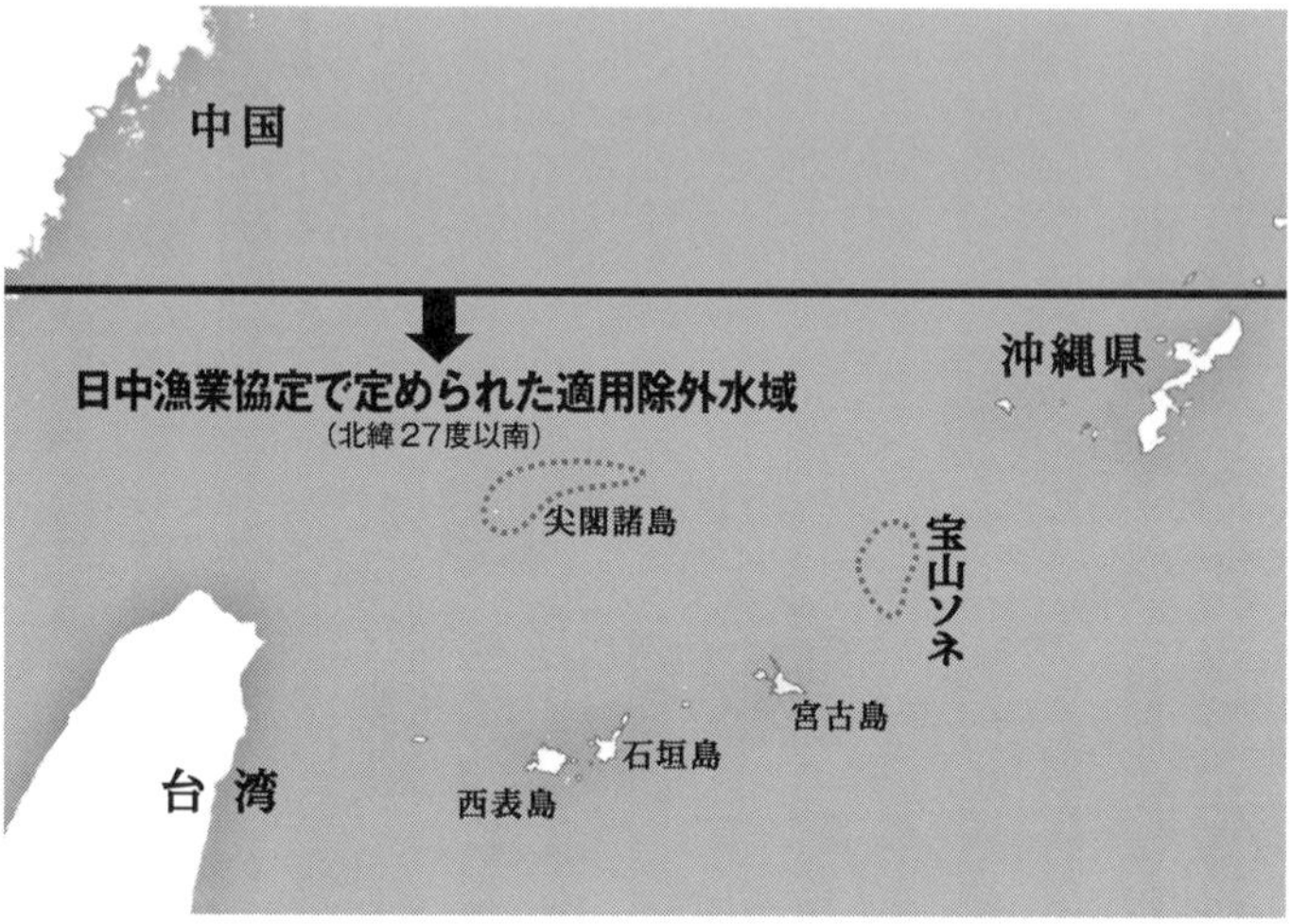

行動をとろうとも、日本政府は取り締まることができないようになっているのです。

今、この海域では違法サンゴ船が大きな問題となっています。この海域内にある宝山ソネと呼ばれる漁場は、宝石サンゴの産地です。

宝石サンゴは1キロ当たり約600万円もする大変高価なもので、金《きん》よりも値打ちがあります。そのため、この辺りはゴールドラッシュのような様相を呈しており、違法サンゴ船が200隻ほど来ていると言われています。

サンゴ漁は日本の法律でも中国の法律でも厳しく制限されています。しかし、この海域は法令適用除外水域なので、取り締まることができません。目の前で宝石サンゴの違法操業が行われていても、ただ見ているしかないのです。

この海域は海底熱水鉱床などの地下資源も豊

富です。そのため、中国側が漁船による漁業という形をとりながら海底資源の調査を行っているという話もあります。漁船だからといって、必ず漁業をしているとは限りません。実際、２０１０年に海上保安庁に衝突した中国の漁船も、漁船とは言いながら魚はとっていなかったそうです。

しかし、漁業をやっていると言われてしまえば、日中漁業協定がある以上、日本側は取り締まることができないのです。

主権侵害というものは、目に見える形でなされるとは限りません。最も恐ろしいのは、いつの間にか主権が侵害され、生活圏が脅かされていることです。

沖縄県は以前より日中漁業協定の見直しを求めてきました。要請文には次のように記されています。

日中漁業協定は、平成9年に署名され、平成12年に発効しておりますが、北緯27度以南を協定の適用除外水域とし、また、当時の外務大臣書簡により、中国漁船による違法操業等が行われた場合であっても取締りが行えない状況にあります。

沖縄周辺水域では、近年、中国のサンゴ網漁船による無秩序なサンゴ網漁業が行われていることから、日中漁業協定の見直し、サンゴ網漁船への対応について、昨年5

月29日及び10月24日に要請を行ったところであります。

しかしながら、昨年の要請以降、サンゴ網漁船は増加しており、大型漁船の集団操業及び海底、海中に散乱したサンゴ網により、漁場環境の悪化、漁船の操業、航行障害等について、様々な被害が生じております。

また、平成25年5月に発効した日台漁業取決めは、日台漁業委員会、漁業者間会合で粘り強い交渉を行った結果、操業ルールについての協議が進展するとともに、総合対策として、沖縄漁業基金が設置されたことについては、一定の評価をしております。

しかしながら、県内漁業関係者からは依然として、外国漁船の影響に依る、今後の資源管理、漁業経営等に関して懸念する声が多い状況にあります。

つきましては、このような状況に鑑み、本県漁業者の権益を確保するとともに、沖縄周辺水域の水産資源を適切に管理するため、下記のとおり要請いたします。

記

1　日中漁業協定の見直しについて

北緯27度以南の水域において中国漁船の操業を規制できるよう、平成9年の外務大臣書簡を破棄するとともに、日中漁業協定第6条を見直すこと

２　中国漁船によるサンゴ網漁業の取締りについて
協定の見直しが図られるまでの間、中国国内法においても禁止されているサンゴ網漁業について、実質的な取締りが可能な体制を構築すること
３　日台漁業取決めについて
（１）適用水域から次の水域を撤廃すること
①　東経１２５度30分より東側の水域
②　台湾が主張する暫定執法線より南側の水域
（２）日台漁業取決め適用水域以外で、地理的中間線から東側の水域において台湾漁船の操業を一切認めないこと。また、違法操業を行う台湾漁船に対し、拿捕を含む取締りを徹底すること。
（３）先島諸島の南側の水域については、今後一切、協議の対象としないこと

日本政府がこれまで小渕書簡の破棄を検討してこなかったことを考えれば、これはかなり厳しい要求だと思います。この一点をとっても、沖縄と中国が裏でつながっているなどという議論がいかに的外れであるかがわかると思います。

なお、日台漁業協定については日中漁業協定と同様に多くの問題があります。この点につ

いては第5章で詳しく触れたいと思います。

TPPは第二の尖閣を生む恐れあり

尖閣諸島には1940年頃まで鰹節工場がありました。そのため、島には二百数十人の人たちが暮らしていたそうです。しかし、鰹節工場がなくなってしまったため、次々と人が離れて行き、ついに尖閣諸島は無人島になってしまいました。

もし尖閣諸島に日本人が住んでいれば、中国は今ほど領海侵犯を繰り返すことはなかったでしょう。有人離島に対して武力行使をチラつかせれば、国際的にも今以上に大問題になっていたはずです。つまり、離島を守るためには、そこに人が住んでいるということが決定的に重要なのです。

しかし、現在、まさに第二、第三の尖閣諸島を生む恐れのある政策が進められています。それがTPPです。

「TPP参加へ農業改革の方向早く示せ」

2010年10月29日付の日本経済新聞に、このような社説が掲載されました。

当時は民主党・菅直人政権。菅総理は2010年のダボス会議で突然TPP交渉への参加を表明し、行け行けドンドンとばかりにＴＰＰへ前のめりになっていました。

菅政権の前原誠司外務大臣も、「ＧＤＰのわずか1・5％を占めるにすぎない農業のために、残りの98・5％を犠牲にしていいのか」と、ＴＰＰ参加に反対する農業関係者を牽制するような発言を繰り返していました。

多くのマスコミも菅総理の決断を支持していました。彼らは農業関係者を既得権益層とみなし、批判を繰り返していました。

しかし、こうした議論には見過ごせない点があります。例えば、先ほどの日経新聞の社説では次のような議論が行われていました。


参加に反対する農業関係者を説得するためには、農産物関税の撤廃の影響を最小限に抑える政策が要る。

その方向は「関税による保護から財政による保護への転換」だが、作物によって二通り考えられる。

一つは、ある程度の国際競争力があり、しかも食糧安全保障に重要なコメなどの作物の場合だ。関税を撤廃しても生産を維持できるよう、農地の集約を促す所得補償方式を導入するとともに、減反を廃止する。今よりは大規模な農業が普及し、所得補償の総額を大幅に増やさなくても関税ゼロに耐えやすくなる。

二つ目は、いかに努力しても大きな内外価格差が残ると予想される、コンニャクイモや砂糖などについてだ。ほかの作物の生産、あるいはほかの業種への転換を農家に促す。そのために政府が支援する。これに関しては追加的な財政支出が避けられない。


砂糖はサトウキビから作られます。日本でサトウキビを作っているのは沖縄と奄美だけです。つまり、この社説は、沖縄と奄美の農家はサトウキビを作るのをやめて、他の作物を作るか、あるいは他の業種へ移れ、と言っているのです。

ここでも指摘されているように、砂糖は関税をゼロにしてしまえば、外国産のものには絶対に太刀打ちできません。サトウキビから作られる白糖は、それがメイド・イン・沖縄であろうとメイド・イン・オーストラリアであろうと、全く同一のものになるからです。それ故、米や麦などとは違って、日本産というブランド力や付加価値で勝負することができないのです。

しかし、だからと言って、「他の作物を作れ」というのは、あまりにも沖縄の実態を無視した議論だと言わざるを得ません。

沖縄の農家の人たちはこれまでもサトウキビ以外の作物にチャレンジしてきました。しかし、沖縄は台風の通り道で、水資源も限られています。そのため、どうしてもタフな気候条件の中でも育つサトウキビを作らざるを得ないのです。

問題はこれだけではありません。この議論の最大の問題は、サトウキビが果たしている「国防」という役割を無視している点です。

サトウキビは島を守り、島は国土を守る

私の選挙区でもある南大東島には、大きなサトウキビ工場があります。南大東島では農業の大規模化が進んでおり、ハーベスターというサトウキビ用の巨大なトラクターが何台も稼働しています。辺り一面に広がるサトウキビ畑の美しさには、形容しがたいものがあります。

サトウキビ工場を訪れた時に最初に目に飛び込んでくるのは、その煙突に書かれた大きな文字です。

「サトウキビは島を守り、島は国土を守る」

この言葉はまさにサトウキビの本質を表しています。

万が一、ＴＰＰによってサトウキビの関税がゼロになれば、南大東島ではサトウキビを作ることができなくなります。他の作物を作ることもできないので、農家の人たちは新たな仕

事を求めて沖縄本島などに移住せざるを得ません。

サトウキビは関連産業も大きく、多くの雇用を生み出しています。サトウキビが作れなくなれば、一つのコミュニティが丸々移住することになるでしょう。そうなれば、南大東島は無人島になってしまいます。

実際、南大東島の農家の方々にお話をうかがうと、「政府が強硬にTPP締結を進めるなら、島ごとロシアか中国に売るよ」とまでおっしゃっていました。

これは民主党政権当時の発言です。民主党政権があまりにも離島の人々の生活に無関心だったので、それに反発を覚えたという側面もあったと思います。

無人島化した離島を防衛するには、物凄い労力が必要となります。それは現在の尖閣諸島を見れば明らかです。しかし、離島の農家の方々がサトウキビの栽培を続ければ、島が無人島になることはありません。サトウキビを作ることは、国防に貢献することにもなっているのです。

「サトウキビは島を守り、島は国土を守る」。これは沖縄に古くから伝わる知恵なのです。私たちは改めてこの言葉を噛みしめる必要があります。

自民党青年局、南大東島に来たる

安倍政権は２０１３年に入り、ＴＰＰ交渉への参加を正式に表明しました。私個人としてはＴＰＰに反対という立場だったため、安倍政権がサトウキビについてどのような対策を講じるのか非常に気掛かりでした。

自民党の中にも、「サトウキビ以外の作物を作ればいいじゃないか」、「補助金を払えばいいんだろ」といった主張をしている人がおり、サトウキビの実態があまり理解されていないように感じていました。

日本の農業は圧倒的に稲作が中心なので、農業を守ろうとする自民党議員の中にも、サトウキビにまで目の届いている人はほとんどいなかったというのが実際のところだと思います。

私は一人でも多くの議員たちにサトウキビの実態を知ってもらおうと思い、私の所属している自民党青年局の仲間や農林水産部会の方々が沖縄の離島を視察する際には、必ず同行するようにしました。

当時、自民党青年局長を務めていたのは小泉進次郎議員です。小泉青年局長の行く先にはマスコミが大勢付いてくるので、全国紙の記者たちにも離島のことをもっとよく知ってもらう良い機会になったと思います。

小泉青年局長はＴＰＰ賛成の立場だったので、私とは立場が異なります。しかし、自民党青年局が「南大東島のサトウキビと暮らしを守らなければならない」と、認識を一つにすることができたのは大きな成果でした。

その後、現地視察をした議員たちが自民党の部会などで、「サトウキビは島を守り、島は国土を守る」というフレーズを引きつつ、積極的に発言してくれました。そのため、安倍政権や自民党内でもサトウキビの重要性が認識されてきたように思います。

実は、砂糖はアメリカにとっても絶対に守らなければならない聖域です。アメリカでは砂糖は戦略作物として位置づけられており、またフロリダなど砂糖を作っている地域にはリタイアした裕福な人たちが多く住んでいるため、政治的なプレッシャーも強いそうです。

そのため、アメリカは、砂糖の関税を下げたいオーストラリアに対して厳しい姿勢で交渉に臨んでいます。砂糖に関しては、日本とアメリカはある意味で利害が一致していると言えるでしょう。

石垣牛とパイナップル

ＴＰＰ交渉は非常に機密性が高く、自民党議員でもどのような交渉が行われているかを正確に知ることは困難です。しかし、恐らく砂糖の関税は守られるのではないかと思います。

もっとも、ＴＰＰによって影響を受ける沖縄の産業は他にもあります。例えば、牛肉がそうです。沖縄県の石垣島では石垣牛を育てており、本土にも高級牛として出荷しています。高級ブランドとして有名な松坂牛や神戸牛にも石垣の子牛が使われています。

石垣牛の美味しさの秘密は、海のミネラルです。牛は草を食べて育ちますが、沖縄の草には潮風に乗って運ばれてきた海のミネラルが豊富に含まれています。そのため、沖縄の牛は美味しいだけでなく、長寿にもつながると言われています。

大学や研究機関などにも、沖縄の長寿の秘訣は台風によって海のミネラルが陸地に降り注ぐことだと指摘する声があります。

また、パイナップルもＴＰＰの影響を受ける恐れがあります。沖縄は日本で唯一パイナップルを作っている地域です。沖縄のＪＡからはパイナップルを守ってほしいという強い要望が出ています。

現時点において、牛肉やパイナップルがＴＰＰ交渉でどのような扱いを受けているのかはわかりません。この点は今後も注視していく必要があると考えています。

尖閣諸島を指定離島に

中国の横暴によって尖閣諸島にばかり注目が集まっていますが、沖縄には尖閣諸島も含めて160もの無人島があります。これらの離島を防衛するためには、しっかりとした対策を講じる必要があります。

私は沖縄県議会議員の時代から、尖閣諸島を「指定離島」にすべきだと主張してきました。指定離島とは、沖縄振興特別措置法第3条に規定されている概念です。そこでは、「沖縄にある島のうち、沖縄島以外の島で宮古島、石垣島その他内閣総理大臣が関係行政機関の長に協議して指定した島とする」とされています。指定離島では税制上の優遇措置や財政上の優遇措置などが講じられることになっています。

指定離島は現在54島で、そのうち有人離島が39、無人離島が15です。無人離島を将来的に有人離島にするためにも、指定離島の数を拡大していく必要があります。

また、尖閣諸島を世界自然遺産に登録することも有効だと思います。

尖閣諸島に生育するソテツは、中国や台湾のソテツとは異なり、沖縄独自のソテツ種だと言われています。そのため、私は決算行政監視委員会で、尖閣諸島を世界自然遺産に登録することができないのかと質問したことがあります。

もっとも、世界自然遺産に登録するためにはかなりの条件を満たさなければならないので、実現は困難かもしれません。

その他、外国人土地法の制定についても検討すべきです。外国人土地法は大正時代に作られたのですが、日本が敗戦した後、米軍の占領下で廃止されてしまいました。

これを復活させ、安全保障上重要な土地については外国人の保有や利用を制限できるようにすべきです。

中国外交部との論争

日中関係が決定的に悪化したのは、２０１２年9月に当時の民主党政権が尖閣諸島の国有化を決定したためです。中国側はこれに猛反発し、日中関係は国交正常化以来、最も険悪な関係にあるとまで言われました。

日本国内にも尖閣国有化を非難する声があります。しかし、そこに至るまでの中国の動向にも注目する必要があります。

１９７８年の日中平和友好条約締結の際、日中間で尖閣諸島について「棚上げ」がなされたと言われています。これについては様々な議論がありますが、もし「棚上げ」がなされたとした場合でも、これを先に破ったのは中国です。１９９２年に中国は領海法を制定し、尖閣諸島を自国の領土と宣言したからです。

その後、中国は尖閣諸島を「核心的利益」と表現し始めました。核心的利益とは、中国の国益上、断固として譲ることができないとするものです。それ以前に中国が核心的利益としていたのは、台湾やチベットなどです。

つまり、中国にとって、尖閣諸島は台湾やチベットなどと同等の価値を持つようになったということです。

最大の問題は、中国のこうした振る舞いに対して、日本側がしっかりと対応してこなかったことです。1992年に領海法が制定された時に厳しく抗議していれば、あるいは中国の対応も変わっていたかもしれません。

尖閣諸島は間違いなく日本固有の領土です。何があっても中国に譲ってはなりません。それと同時に、尖閣諸島をめぐって日中の軍事衝突が起こることも絶対に避けるべきです。

私は、政治家の役割は危機管理にあると考えています。困難な時期だからこそ、国益を堅持しつつ日中両国の関係を改善するための方策を探らなければなりません。

私は昨年の8月11日に、超党派の若手議員9名で中国を訪問しました。ちょうど翌日の8月12日は日中平和友好条約締結から35周年の日でしたが、両国でそれを記念する行事は行われませんでした。恐らく私たちの訪問団が唯一の公的な交流事業だったと思います。

私たちは中国共産党青年組織の共産主義青年団や、党の外交を担当する中央対外連絡部、日本の外務省に当たる中国外交部、人民解放軍のシンクタンクである中国国際戦略学会などを訪問しました。

私はそこで、次のように訴えました。

「中国は一刻も早く尖閣諸島周辺での領海侵犯をやめるべきだ。このままでは、偶発的な軍事衝突を招いてしまうことになりかねない。

日本は日中間に領土問題は存在しないという立場を堅持している。しかし、たとえ領土をめぐる見解に相違があったとしても、様々なレベルでの交流事業、対話のチャンネルは断絶すべきではないと考えている。特に、日中首脳会談を行うことが急務であると思う。

日中国交を成し遂げた先人たちには戦争体験があり、戦争の悲惨さ、残虐性というものが皮膚感覚でわかっていた。だからこそ、平和確立への信念と使命感があった。私たちもその知恵に学ぶ必要がある。武力による問題解決だけは絶対に避けなければならない」

それに加え、「中国国内でも禁止されているサンゴ船への取締りを強化すべきである。そのために日中の連携を強める必要がある」ということも訴えました。

中国側もそれぞれ立場表明を行っていましたが、尖閣諸島については「この問題は人民感情に照らしても矮小化することのできないものだ。この問題を避けて、対話のための対話をしても意味がない」と、口々に主張していました。

もっとも、彼らは私たちに反論しているというよりも、隣に座っている同じ中国人に言い聞かせているといった感じでした。尖閣諸島の話をしている時も、お互いがお互いを見ている、つまり監視しているのです。

それは恐らく、少しでも日本寄りの発言を行えば、権力闘争に敗れ、出世できなくなるからでしょう。実際、日本語を流暢《りゅうちょう》に話せる高官たちは親日家とみなされ、肩身の狭い思いをしているそうです。中国側の姿勢が頑《かたく》ななのも、それが一因だと思います。

超長期的戦略の必要性

人民解放軍のシンクタンクである中国国際戦略学会での議論では、中国が安全保障についてどのような認識を持っているかがわかり、大変勉強になりました。

特に印象的だったのは、中国が超長期的な戦略を持っていることです。彼らは皆、「２０５０年までに達成すべき目標」など、30年、40年先まで見据えた議論を行っていました。

日本の場合、防衛計画の大綱や中期防衛力整備計画などでも、せいぜい5年か10年のスパンです。日本が中国に立ち向かうためには、３世代後の日本の安全保障をどうするか、そのために今何をすべきかなど、中国と同じくらい超長期的な視点が必要だと思います。

また、中国に対して、日本と軍事衝突しても勝てないことをわからせるために、ハードパワーも整備していく必要があります。軍事衝突は絶対に避けるべきですが、中国は相手の顔色よりも足元を見ると言われているので、相手に付け入る隙を与えないことが重要です。

それと同時に、日本は海洋国家として、同じ海洋国家との連携を強めていくべきです。具体的に言えば、アメリカやイギリス、オーストラリア、さらにはインドネシアやフィリピン、ベトナムなどです。

特に、海洋国家の本家本元であるイギリスから学べることは多いと思います。かつて広大な海を支配したイギリスの経験は、東シナ海や南シナ海を支配せんとする中国に対抗するためにも役に立つはずです。私はインテリジェンスの分野も含め、イギリスとの関係強化に取り組んでいきたいと考えています。

戦後70周年の総理談話

安倍政権の誕生から1年半ほど経過しましたが、日中間の緊張関係は相変わらず高いままです。しかし、いくら関係が悪化しようとも、中国が日本の隣国であるという事実はこの先何年経っても変わることはありません。私たちは今後も中国と付き合っていかなければならないのです。

私は、国と国の関係にも「四季」があると思っています。冬の時代もあれば、春の時代もある。今、関係が悪くとも、それが今後もずっと続くわけではありません。しっかりとした対話を行っていけば、いつか関係が改善する時が来るはずです。

日本からはなかなか見えにくいのですが、中国国内も決して一枚岩ではありません。日本と断固対立するというグループもあれば、日本と上手くやっていこうというグループもあります。後者のグループとの関係を保っていくことが大切です。

その意味でも、私は来年２０１５年、戦後70周年の総理談話というものが極めて重要になると考えています。

２０１５年には、中国とロシアは、ドイツのファシズムと日本の軍国主義に対する勝利から70周年を記念する式典を開催することになっています。

私は彼らの主張が正しいとは思いません。しかし、日本は彼らと同じ土俵の上に乗って反論するよりも、一段高い見地から理念や歴史観を打ち出すべきだと考えています。

日本国内には中国人や韓国人、ロシア人など、様々な国の人たちが暮らしています。彼らを味方につけるような歴史観こそが必要とされているのではないかと思います。

日本本土で暮らしている中国人や韓国人、そして沖縄出身者が故郷に対して、「いや、日本は悪い国じゃないよ」と言ってくれるような、そんな日本になることができれば最高だと思います。

第五章

李登輝元総統の教え

李登輝元総統

李登輝元総統の教え

「沖縄を他人事とは思えない」

沖縄で行われた講演会で、李登輝元総統はこのように述べられました。

李登輝氏は2008年に、台湾元首経験者として初めて沖縄を訪問されました。沖縄では「学問のすゝめと日本文化の特徴」と題した講演会を行い、激戦地の跡地である平和祈念公園など各地を訪れました。冒頭の言葉は、その講演会での一節です。

沖縄と台湾は地理的に非常に近く、天気が良い時には与那国島から台湾の姿を確認することもできます。沖縄が本土に返還される前までは、石垣島や与那国島辺りでは親密な交流が行われており、台湾人と結婚した沖縄の人もたくさんいます。

また、歴史的、文化的にも縁があり、かつては沖縄の漁民が台湾の漁民に先端的な漁法を教えたりもしていたそうです。東シナ海はまさに共存共栄の場となっていたわけです。

もっとも、李登輝氏が「他人事ではない」と言ったのは、そうした観点からだけではありません。それはアメリカとの関係からです。

「戦争中、アメリカは台湾占領を研究していたという歴史的事実があります。結局、台湾を占領するには3年以上もの時間がかかるという結論が出て、沖縄を占領することになったようです。

なぜ私がそれを知っているかと言うと、私の母校であるアイオワ州立大学大学院の恩師が、そうした研究をしていたからです。場合によっては台湾で地上戦が行われていた可能性もあったのです」

李登輝氏が沖縄の歴史を我が事として受け止めていることがわかり、熱いものがこみ上げてきました。

講演会には多くの人たちが訪れ、会場は物凄い熱気で溢れていました。李登輝氏の人を引き付ける底なしの魅力と博学には、圧倒されっぱなしでした。私もスタッフの一人として講演会のお手伝いをしていたので、感慨深いものがありました。

講演会後に行われた歓迎レセプションで、李登輝氏にご挨拶する機会がありました。

「35歳か、若い。戦争を知らない世代ですね。私は22歳まで日本人でした」

22歳まで日本人であったという原体験。これが李登輝氏の生き方を形作っているように思います。

李登輝氏のようなかつての日本人が持っており、今の日本人から失われてしまったものは何か。日本社会の現状を見るにつけても、そのことを考えずにはおれません。

あるべき指導者の姿

私はこれまで4度ほど李登輝氏にお会いしたことがあります。初めてご自宅でお会いした時に「今の日本人に欠けているものは何でしょうか」とお訊ねしたところ、次のようにおっしゃっていました。

「戦前の日本の精神教育には素晴らしいものがたくさんありました。自制、人のために奉仕する心、公に奉ずる心。物質主義に陥ることもなく、純粋理性に囚われすぎることもなく、実践からも遊離しない冷静沈着なる心の在り様。

昔の日本にあって今の日本に欠けているのは、この精神性ではないでしょうか。私は22年間、日本の教育で鍛えられました。今でも本当に感謝しています」

台湾には今でも、李登輝氏が大切にされている精神性、古き良き価値観が残っていると思います。

例えば、台湾は東日本大震災の際に、日本に対して多くの物資や義援金を寄せてくれました。馬英九総統自ら4時間にわたってチャリティー番組に出演し、日本への支援を訴えてくれました。また、台湾政府は地震で被災した岩手、宮城、福島在住の被災者1000人を台湾に14日間無料で招待することまでしてくれました。

しかし、当時の民主党政権は、３・11の一周年の追悼式典に台湾を招待しませんでした。これほど無礼なことはありません。

そこで、私は自民党青年局の仲間たちと共に、日本への支援に対する感謝御礼のために台湾を訪問することにしました。

自民党青年局は、日本が１９７２年の日中国交回復に伴って台湾との国交を断絶した後、自民党の機関の中で唯一、台湾との交流を続けてきたという歴史を持っています。私は沖縄県議会議員の頃から青年局との関わりを持っていましたが、歴代青年局長が最も力を入れてきたのが台湾との交流でした。

困難な時に手を差し伸べてくれる人こそ真の友人です。台湾が手を差し伸べてくれたことで、どれほどの日本人が勇気をもらったか。あの時の感動は今でも忘れられません。私は台湾でお会いした立法委員（国会議員）の方々などに対して、そのように伝えました。

その他にも李登輝氏の言葉で印象に残っているのは、指導者に関してのものです。李登輝氏はあるべき指導者の姿として、

「戦前の日本の指導者たちは本当に素晴らしかった。それは法律や経済の知識、語学力といった点ではなく、その人物の持つ迫力や重みです。最近の指導者たちはそれが希薄になっています。それは、武士道をはじめとする道徳が失われたことや、自分自身がいかに歴史に

関与していくかという発想が失われたことが原因だと思います」

と指摘されていました。

この言葉には、人間・李登輝の全てが凝縮されているように思います。私も政治の世界に身を置く者として、自らを省みる毎日です。

アイデンティティの揺らぎ

沖縄と台湾の間には多くの共通点があります。「アイデンティティの揺らぎ」もその一つです。

日本外務省の作成した「最近の日台関係と台湾情勢」という資料があります。これは外務省のＨＰからダウンロードできるので、是非ご覧になってみてください。

それによると、台湾では自らのアイデンティティについて、「自分は台湾人である」と考える人が増えており、その比率は過半数を越えるようになっています。

つい20年前までは、「自分は台湾人でもあり中国人でもある」という人が過半数近くを占め、また、「自分は中国人である」と考える人の方が、「自分は台湾人である」と考える人よりも多いという状況でした。

外務省の台湾担当の人たちに話を聞いたところ、この20年間に台湾では開放政策が進み、たくさんの中国人が観光客として訪れるようになったことが一因ではないかと分析していました。中国人と直に接する機会が増えたことで、「自分たちは中国人とは違う」と思う人が増えたのでしょう、とのことでした。

アイデンティティの揺らぎは沖縄県でも見られます。沖縄もかつて琉球王国として４５０年の歴史を歩んできました。そのため、現在は日本の一つの県ですが、日本人でもあり琉球人でもあるという意識を持っている人もいると思います。

また、沖縄と台湾は、過酷な国際状況の中に置かれているという点でも共通しています。

馬英九総統は「和中、親米、友日」を掲げ、中国ともアメリカとも日本とも仲良くやっていこうという方針をとっています。台湾では中国に近すぎることを懸念する声が多く、つい最近も中国との貿易協定をめぐって大規模なデモが起こりました。そのため、馬総統の国内での支持率は10％台と低迷しています。

しかし、客観的に見ると、なかなか上手く立ち回っているように思います。国際社会から国家として認められていない中、台湾を守るために強《したた》かな外交を展開しているように見えます。

私は県議会議員の頃に台北市長時代の馬総統にお会いしたことがあります。名刺に「ハーバード大学博士号取得」と書かれていたことが印象的でした。

普天間基地問題をめぐって本土とアメリカ、中国との間に挟まれている沖縄も、台湾の外交術から学べることは多いはずです。

日台漁業協定の問題点

よく知られているように、台湾には日本に対して親近感を抱く人たちがたくさんいます。2013年に行われた世論調査によると、台湾人の約7割が日本に対して好意的な印象を持っているという結果が出ています。

実際、昨年1年間で221万人もの台湾人が日本を訪れています。これは過去最高の人数です。台湾の人口は2337万人なので、人口のおよそ1割が日本を訪れた計算になります。また、日本語能力試験を受験した台湾人の数も、対人口比で世界一です。ここからも、多くの台湾人が日本に関心を持っていることがわかります。世界を見回しても、台湾ほど親日的なところはないでしょう。

もっとも、たとえ親日的であったとしても、言うべきことは言わなければなりません。日本と台湾が対立する分野においては、率直に議論すべきです。台湾側の言い分を全て飲み込めば日台関係が強化されるというわけではありません。お互い本音で語り合える関係を築いていくことが大切です。

その点からすると、２０１３年４月に締結された日台漁業協定は大きな問題をはらんでいます。

日台漁業協定の交渉が始まったのは１９９６年からです。沖縄及び台湾周辺の海域における漁業問題や海域秩序について話し合うことが目的でした。

しかし、台湾側が尖閣周辺水域は台湾の伝統的な漁場であると主張したため、日本は強く反発し、協議は何度も決裂しました。ついには２００９年を最後に協議自体がストップしてしまいました。

交渉が急速に動き始めたのは昨年になってからです。最大の要因は、尖閣諸島をめぐって日中関係が悪化したことです。

日本政府は中国に対抗するため、日台関係を強化する機会をうかがっていたようでした。しかし、台湾も中国と同様、尖閣諸島の領有権を主張しており、それどころか、尖閣諸島について中国と連携するような素振りさえ見せていました。

そうした時に、台湾外交部（外務省）が尖閣問題で「中国とは連携しない」との声明を発表しました。日本政府は中台の連携を阻止するチャンスと考え、ここぞとばかりに協定締結に乗り出したと私は見ています。

日台漁業協定は一般的に、中国と台湾を分断するものとして高く評価されています。しかし、この協定の内容は、そこで規定された水域で漁業を行っている沖縄の漁業関係者にとっては、受け入れがたいものです。

こう言うと、「どうせまた沖縄はお金がほしくて騒いでいるだけだ」という声が聞こえてきそうです。

実際、与那国町漁業協同組合の中島勝治組合長が、日台漁業協定の締結によって「沖縄のマグロ業は崩壊」するとブログに書いたところ、「お前達沖縄民はいつもそう。だからタカリって言われるんだよ。恥を知れ！」など、批判的なコメントが多く寄せられました。

日台漁業協定の問題は、普天間基地問題と構造は一緒です。つまり、日本の国益のために沖縄県民は不利益を我慢しろ、ということです。これは沖縄選出の国会議員として看過できるものではありません。

そもそも、日台漁業協定が中台間を分断することになっているのか、私には疑問です。現に、中国政府は日台漁業協定についてそれほど強い反発を示していません。これは実に不気味です。

前章で取り上げた日中漁業協定も、締結から20年近く経った現在になって問題が顕在化

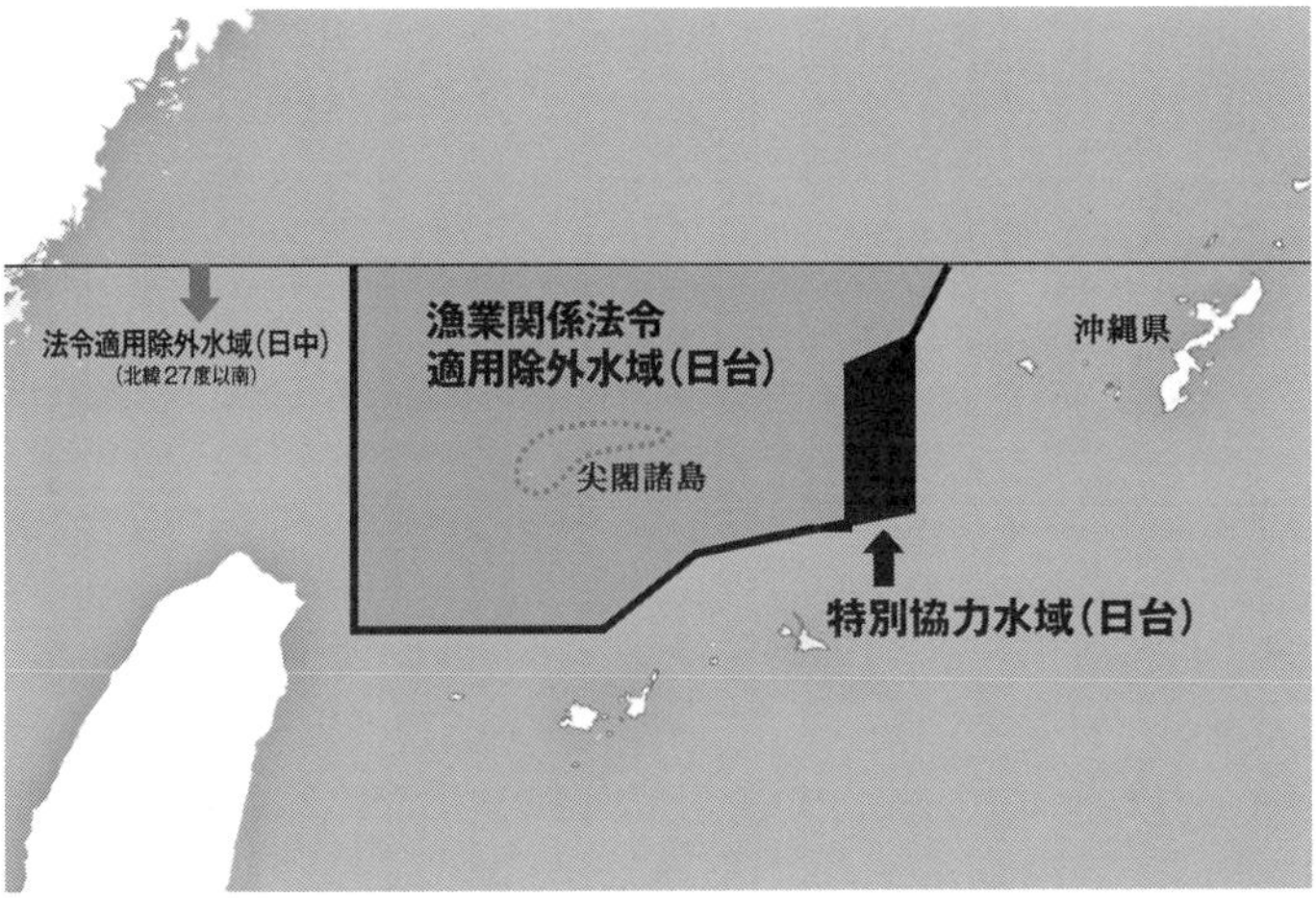

してきました。今回の日台漁業協定についても、本当に日本の国益に適《かな》ったものであるかどうか、しっかりと見極める必要があります。

台湾漁船に占領された海域

日台漁業協定の問題点の一つは、漁業水域に関する取り決めが行われる一方で、操業ルールの策定については先送りにされたままスタートしたことにあります。

日台漁業協定では「法令適用除外水域」と「特別協力水域」が定められました。前者は、日台双方が自らの漁業に関する関連法令を相手側に適用しない水域であり、後者は、法令適用除外は行わないが、日台双方の操業を尊重しつつ、操業秩序の確立のため最大限の努力が払われるとする水域です。

しかし、「この水域は法令適用除外水域とします」と宣言したところで、現場の漁業がスムーズに行われるわけではありません。

そもそも沖縄の漁船と台湾の漁船では、規模がまるで違います。沖縄の漁船は19トン前後のものが多いのですが、台湾の漁船は100トンから1000トン級です。漁船の数も台湾の方が圧倒的に多く、一度に100隻近くの船が押し寄せることもあります。

そのため、しっかりとした操業ルールを決めなければ、規模の点からして沖縄の漁船が締め出されるのは目に見えています。実際、これまでも実質的に台湾の船が漁場を占拠してきました。

また、沖縄と台湾とでは漁法が異なります。この水域ではマグロがよく獲れるため、はえ縄漁が行われています。はえ縄漁で使用される縄の長さは数十キロにも及びます。そのため、他の船と縄が絡まらないようにお互い距離を保つ必要があります。

ところが、共通の操業ルールを定めなかったため、お互いが独自の方法ではえ縄漁を行った結果、縄が絡まったり、切断されたりするトラブルが頻発しているのです。現場で問題を解決しようにも、言葉が通じないため意思疎通もできません。はえ縄は非常に高額な漁具で、一千万円以上もします。沖縄の漁業関係者は大変な損失を被っているのです。

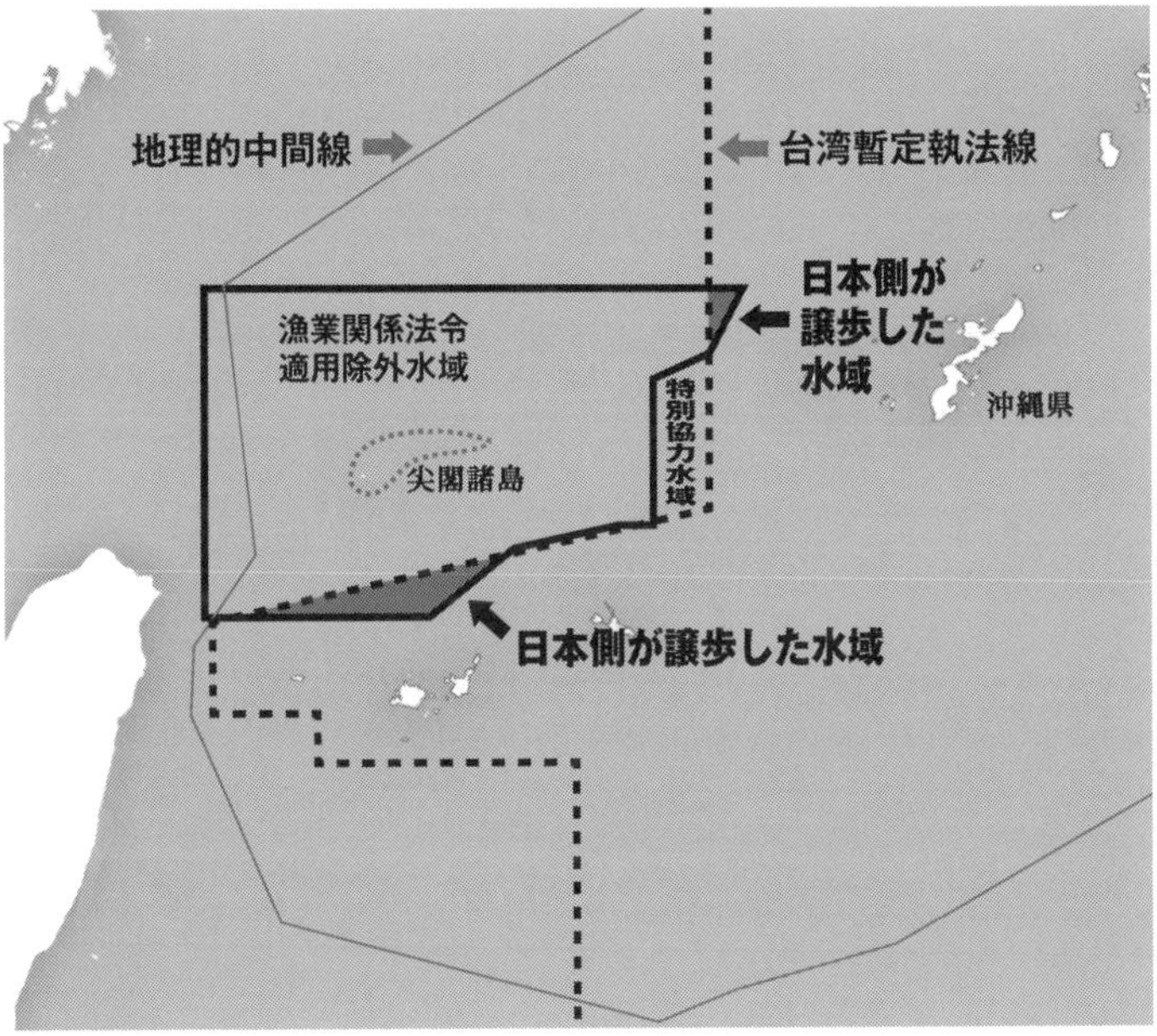

米軍に奪われた海

台湾政府はこれまで、台湾が漁業権を有する境界線として「暫定執法線」を主張していました。日本政府はこれに対して「地理的中間線」を主張し、議論が対立していました。

しかし、今回の日台漁業協定では、台湾がこれまで主張してきた以上の水域が法令適用除外水域に指定されました。これは日台間の地理的中間線よりも大きく日本側に食い込むものです。つまり、日本政府はこれまでの主張を取り下げた上、台湾が求めていた以上のものを台湾に譲り渡したのです。

これにより、沖縄県の漁場はかなり制限されることになりました。しかも、この暫定執法線は、日台漁業協定を締結するに当たって初めて沖縄県側に明らかにされました。台湾がそんな線を引いていたとは、それまで沖縄県側は誰一人として知らなかったのです。

もとより、台湾としては、この水域はどうしても手に入れたいと思っていたと思います。ここは黒潮の周辺に位置しており、優れた漁場となっているからです。

いくら東シナ海が広大であるとはいえ、漁場となる場所は限られています。今回の協定により、台湾の水揚げ量は急増する一方、沖縄の水揚げ量は減ることとなりました。

馬総統は協定調印後のクロマグロの漁獲量が前年比で3・6倍、生産高は3倍に増えたことを明らかにしました。その一方で、沖縄は、操業ルールも確立されていない協定ではトラブルを招く恐れがあるとして、操業を控えていました。そのため、八重山漁協のクロマグロの漁獲量は、直近3年間の平均水揚げ高の約2割減になったと報じられています。

そもそも沖縄県の漁場は、今回の漁業協定が締結される以前からかなり制限されていました。沖縄県の水域のおよそ5万5千平方キロメートルが米軍の射爆撃場として提供されており、ホテル・ホテル訓練水域（左ページの地図参照）のような好漁場にも漁船が立ち入れないようになっていたからです。

それ故、沖縄としては、東の海を米軍に奪われている上に、今度は西の海を台湾に奪われ

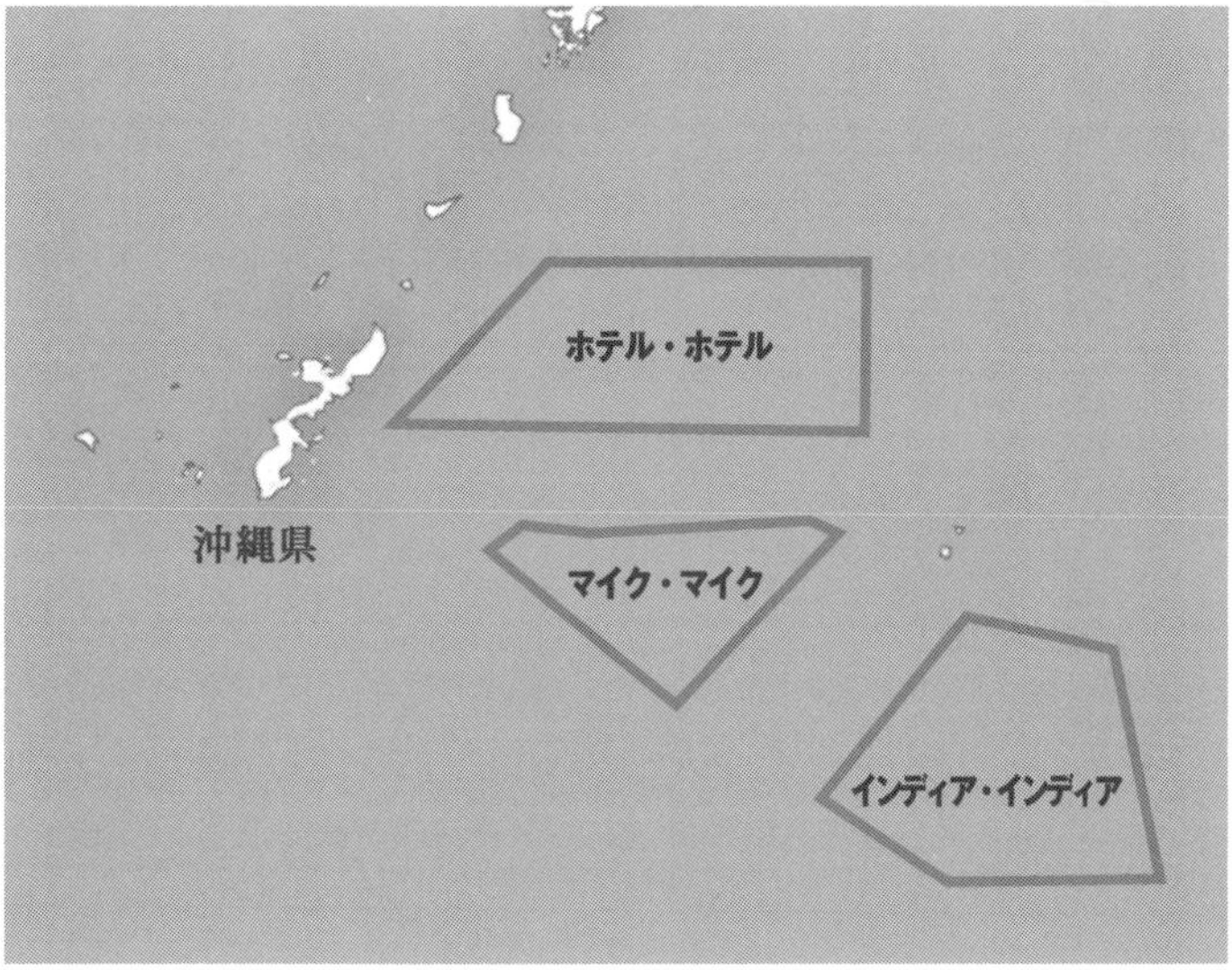

る形となったというわけです。沖縄の漁業関係者が不満に思うのも無理はありません。

海はお金に代えられない

私は日台漁業協定の締結直後から、予算委員会の分科会で協定の問題点について質問してきました。以下は、２０１３年４月12日に、林芳正農林水産大臣と本川一善水産庁長官に対して行った質問です。

國場分科員　……沖縄の漁民の関係者からしますと、台湾側に妥協し過ぎているのではないのか、こういう厳しい声があるのは事実でございます。また、その一方で、今まで秩序がないところに一定のルールが定められたということは、今後、交渉する余地もあるわけでありますし、台湾は日本とも関係の深い友好国ですから、このあたりをルール化していかなければならないと考えております。

　特別協力水域、これは久米島の西の方なんですけれども、この地域は、地元の漁業関係者からも久米西と呼ばれている、マグロ漁に恵まれているすばらしい漁場でもあります。しかし、現状では、クロマグロの時期になりますと、この地域に台湾船が百隻ぐらい密集をしながらはえ縄漁を整然と行いまして、日本の漁船が実質的に入る余地がないぐらいになっているんですね。

　この海域はちょうどこの時期がクロマグロの時期でありますけれども、ルール化をどのように詰めていくのか、この点を教えてください。

本川政府参考人　特別協力水域につきましては、私ども、両協会から、日本及び台湾の漁業者による友好と互恵協力に基づく操業が最大限尊重される、双方の漁業者間で問題が生じないような漁業環境の実現に向けて最大限の努力が行われる、こういった原則のもとに、これから日台漁業委員会で操業の具体的なあり方について協議が行われることになっております。

　まさに、昨日も久米島で漁業者の方々の御意見を伺った、そういうようなものをきちんと踏まえた上で、我々として、最大限の努力をしていけるように対処してまいりたいと考えておるところでございます。

國場分科員　きのう午前中の菅官房長官の記者会見で、日台漁業協定に関する記者会見が行われております。その中で、長官の方から、漁獲高が減るとかいろいろな影響が出た場合には政府として責任を持って対応する、このようなコメントがなされておりますけれども、この会見を大臣は把握していますでしょうか。

林国務大臣　今、國場先生がおっしゃったように、官房長官からも会見でそういうお話もあったところでございまして、実は私も、この委員会の前の閣議後の会見において、同様の趣旨を明らかにしたところでございます。

國場分科員　林大臣や官房長官からありました、政府として責任を持つというのは、どのような意味になるのか。その点をもう少し踏み込んで発言をお願いします。

林国務大臣　官房長官は、取り決めの発効に伴う影響については、今後、関係漁業者の意見も十分に聞いて、しっかり把握した上で、具体的な影響に対しては必要な対策をしっかりと講じてまいりたい、こういうふうに発言をされたというふうに聞いております。

私も同様の趣旨をけさ発言しておきましたが、今、水産庁の方からありましたように、沖縄に担当部長が赴いておりまして、皆様方の、特に漁業者の意見を聞いておるところでございますので、そういう情報を踏まえて、新しくできるこの委員会できちっとやっていくこと、そして、もし影響が出るようであれば対策を検討すること、これをしっかりとやってまいりたいと思っております。

政府は沖縄の漁獲量が減るのに備え、沖縄漁業基金を設置し、漁業支援として100億円の予算を計上しました。しかし、これは普天間基地問題と同様、地元の不満をお金で抑えつけるというやり方にも見えます。

命がお金に代えられないように、海もお金には代えられません。このようなやり方では、沖縄の不満はより一層大きくなる恐れがあります。

領有権問題の存在を実質的に認める協定

仲井眞沖縄県知事や自民党沖縄県連は、日台漁業協定の問題点について、協定が締結される前から何度も政府に対して申し入れを行っていました。私も菅義偉官房長官や石破茂幹事長などに対して、機会がある度に申し入れを行ってきました。

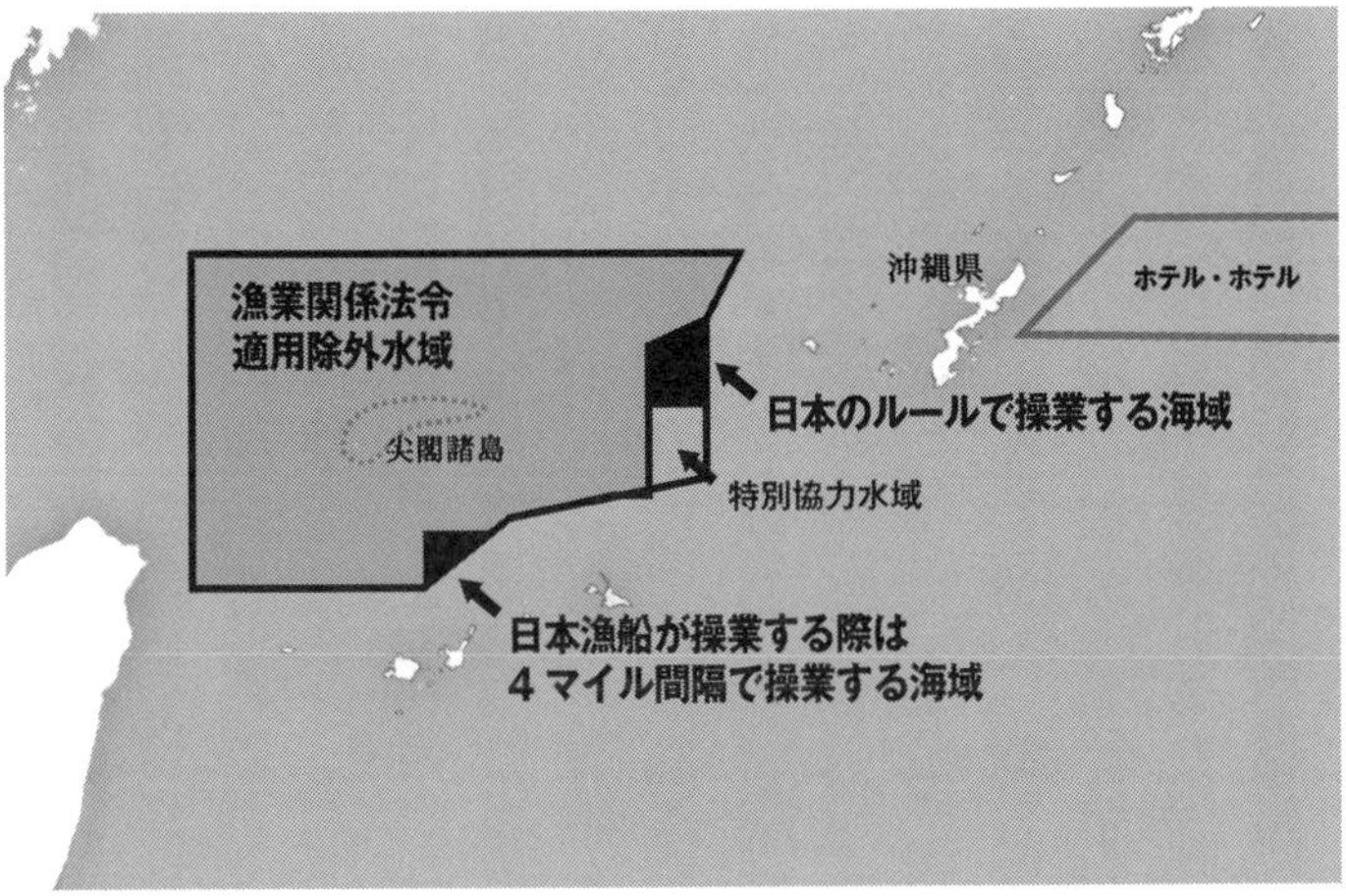

その甲斐もあってか、安倍政権には沖縄に対して一定の理解を示していただき、今年1月に行われた日台漁業委員会で、法令適用除外水域内の一部と久米島西側の特別協力水域の一部で日本の操業ルールが優先されることになりました。

また、3月には、米軍のホテル・ホテル訓練水域の一部の使用制限解除について、日米合同委員会で合意されることになりました。一歩前進と言っていいと思います。

しかし、問題はまだ残っています。最大の問題は、この協定が、尖閣諸島をめぐって領有権問題が存在することを実質的に認めている点にあります。

先ほど述べたように、日本政府はこれまで、日本の漁業水域について日台間の地理的中間線を主張してきました。実際、私が外務省や水産庁に話を聞いたところ、日本側は地理的中間線を譲ったことはな

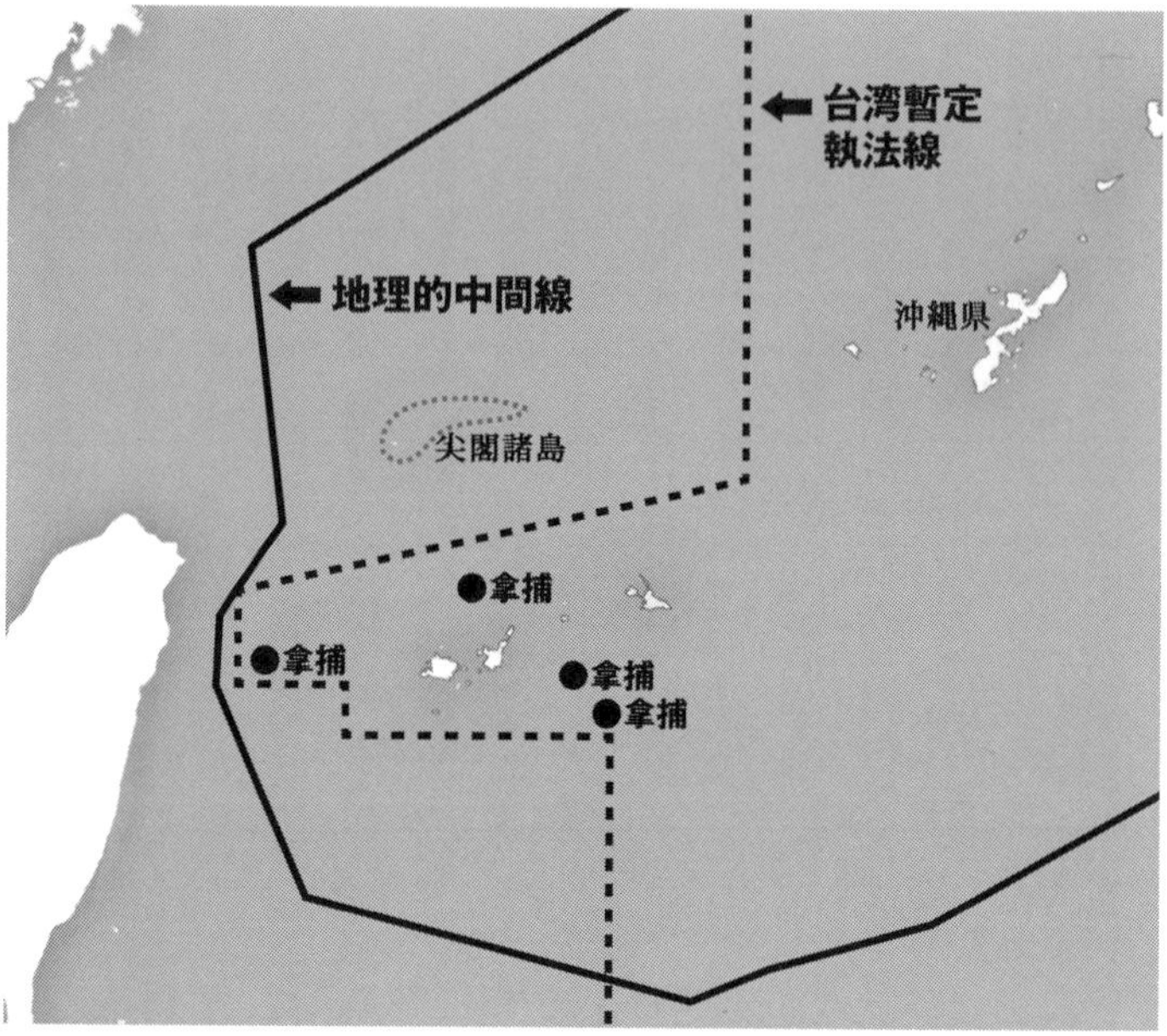

いと主張していました。

ところが、これまで台湾の漁船が拿捕された場所を見てみると、そのほとんどが台湾の主張する暫定執法線の付近なのです。もし本当に地理的中間線を譲っていないのであれば、台湾の漁船が地理的中間線を越えた時点で、警告を発して追い返すなり、拿捕するなりすべきです。

暫定執法線内には尖閣諸島も含まれています。台湾政府の公式見解は、尖閣諸島の領有権は台湾にあるというものですから、それも当然のことです。台湾の漁船を暫定執法線まで自由に操業させていては、尖閣諸島の領有権について台湾側の主張を認めているようなものです。

今回の日台漁業協定では、台湾の漁船が尖閣諸島から12海里の領海内に入ることを認めておらず、協定本文でも尖閣諸島に関する言及は行われていません。しかし、馬総統は相変わらず尖閣諸島の領有権を主張しており、尖閣の領有権について諦めたとは思えません。

日台漁業協定は範囲こそ日中漁業協定より狭いとはいえ、内容はほとんど変わりません。中国が尖閣諸島の領有権を主張してきた時には激しく反発するにも関わらず、台湾に対しては何も言わないというのはダブルスタンダードです。外交には一貫性が必要です。一貫性を失ってしまえば、国際社会に対する説得力も失ってしまいます。

この捩れを解決するには、端的に言って、日台漁業協定を改定するしかありません。これは沖縄と台湾の関係改善のためにも必要です。

沖縄の漁業関係者たちはこれまで、台湾の漁業関係者たちと親しく交流してきました。ところが今回、政府が実態を無視した協定を頭越しで締結してしまったため、現場が混乱し、関係悪化を招いてしまいました。

沖縄と台湾の間に軋轢《あつれき》が生じることは、日本にとっても決してプラスではありません。私は今後も日本の国益のために、日台漁業協定の改定に取り組んでいきます。

地理的優位性の活かし方

沖縄はしばしば、軍事戦略上の「アジアの要石《キーストーン》」と言われることがあります。それは見方を変えれば、経済的にもアジアの要石になり得るということです。現に、琉球王国時代、沖縄はアジア諸国と活発な交易を行っていました。

これほど有利な位置にありながら、沖縄の経済状況は全国的に見ても悪く、失業率もワースト1位です。つまり、現在の経済政策は沖縄の地理的優位性を活かしきれていないということです。

私が李登輝氏のご自宅にうかがった時、李登輝氏は世界地図をテーブルに広げながら、

「これを見てください。沖縄はアジアに最も近いところに位置しています。アジア諸国は台湾も含め著しい経済成長を見せていますが、沖縄は経済的に発展していません。何故でしょうか。日本政府は沖縄を米軍基地経済に依存させるような政策を行っているのではないですか。そうではなく、一国二制度のようなものを導入し、世界中から沖縄へ投資を集めるようなダイナミックな政策を推進すべきです」

と、おっしゃっていました。

私は自民党の税制調査会などでも、沖縄の法人税をシンガポールや香港並みに下げてほし

いと要請しています。残念ながら、反応はあまり芳しくありません。税を下げるよりも予算で対応した方が手っとり早いからでしょう。

李登輝氏はその他にも、「沖縄県はいくつもの島々で成り立っているから、その島をどう活用するかが大切です。宇宙衛星基地を沖縄県に造るのはどうですか」、「与那国と台湾の黒潮を利用して、発電を考えてはどうでしょうか」など、様々な提案をされていました。斬新なアイデアであり、検討に値すると思います。

沖縄経済の発展は台湾経済にも良い影響を与え、ひいては日台関係の強化にもつながると思います。尖閣諸島や日台漁業協定では対立する点もありますが、台湾との友好関係は今後も大切にしていくべきです。日本は台湾の親日感情の上に胡坐《あぐら》をかくのではなく、さらなる関係強化のため、様々な分野で連携を深めていかなければなりません。

第六章

沖縄と本土の距離を縮めるために

沖縄の伝統と風土を守りつづける

『蛍の光』の第四番

『蛍の光』をご存知でしょうか。「蛍の光、窓の雪……」から始まる、日本を代表する唱歌です。卒業式の定番曲として有名で、お店の閉店時間を知らせるBGMとしても知られています。

この「蛍の光」は第四番まであります。「千島の奥も、沖縄も、八洲《やしま》の内の、護りなり……」。ここで歌われているように、沖縄は日本です。私は沖縄県出身の人間として、琉球王国の歴史を大切にしていますが、それと同時に、沖縄が日本であることもまた揺るぎない事実だと思っています。

実際、これまで多くの人たちが沖縄と日本の共通性、連続性を主張してきました。伊波普猷《いはふゆう》という民俗学者がいます。「沖縄学の父」として知られており、『おもろそうし』の研究に取り組んでいました。

伊波は『おもろそうし』と『古事記』の類似点に注目し、「日琉同祖論」を唱えました。日琉同祖論とは、日本と琉球は起源において同一であるとする説です。

日琉同祖論の一つに、源為朝伝説というものがあります。源為朝は鎌倉幕府を開いた源頼朝の叔父に当たる人物です。為朝は平安時代末期に起こった保元の乱に敗れ、伊豆へ流されました。その後の消息はわかっておらず、一説によると、琉球に渡って豪族と結婚したと言われています。そして、そこで生まれた子供が琉球王朝の最初の王・舜天《しゅんてん》となった。これが為朝伝説の概略です。

これは、琉球王朝の政治家である羽地朝秀《はねじちょうしゅう》が編纂した『中山世鑑《ちゅうざんせいかん》』の中でも紹介されています。『中山世鑑』とは、琉球王朝最初の正史です。

これは薩摩に侵攻された後に編纂された歴史書なので、薩摩の琉球支配を正当化するために作られたものだという議論もあります。しかし、琉球同祖論は薩摩侵攻以前から唱えられており、16世紀前半の文献の中で既に言及されています。羽地はむしろ、当時流布していた説をまとめて体系づけたと考えるべきでしょう。

また、柳田国男や折口信夫のような著名な民俗学者たちも沖縄に注目し、研究を行っています。彼らもまた沖縄を探究することで、日本のルーツを探し出そうとしていたのだと思います。

岡本太郎のインスピレーション

その他にも、沖縄と本土の共通性を主張した人たちはたくさんいます。

ややエキセントリックな例としては、江戸時代に国学者の藤井貞幹が唱えた説があります。これは、沖縄の伊平屋島《いへやじま》にあるクマヤ洞窟こそ『古事記』に出てくる天の岩戸であり、神武天皇は沖縄に縁があるとするものです。本居宣長がこの説に激怒し、激しい論争が起こったそうです。

この説については、沖縄研究の先駆者として名高い東恩納寛惇《ひがしおんなかんじゅん》も否定していますが、クマヤ洞窟には今でも神道関係者がたくさん訪れています。歴史実証的には根拠が薄くとも、何か通じるものを感じるからだと思います。

私が特に注目したいのは岡本太郎の議論です。岡本は沖縄を訪れ、『沖縄文化論――忘れられた日本』という本を書いています。岡本はそこで、沖縄に日本の源流を見出し、沖縄は本土よりも日本的であると指摘しています。

岡本は芸術家ですから、文献学的、実証学的な根拠は乏しいでしょう。しかし、芸術家特有のインスピレーション、いわば霊的な直観といったものは誰よりも強かったと思います。

私はこの岡本の直観は正しいと思っています。沖縄を訪れた人たちは口々に、「どこか懐かしい気がする」、「ホッとする」と言います。沖縄県は国内の旅行先として、一、二を争うほどの人気ですし、観光庁の調査でも満足度一位です。それはやはり、本土で失われてしまった日本の原風景といったものが沖縄に残っているからだと思います。

最新の遺伝子研究にも、沖縄県民は九州北部の人たちと同じＤＮＡを持っていると指摘するものがあるそうです。このように、民俗学や芸術といった観点からだけでなく、医学的にも沖縄と本土の連続性は裏付けられているのです。

日の丸のルーツは沖縄？

また、日本の国旗「日の丸」のルーツは沖縄にあるという説もあります。私がこれを知ったのは、稲嶺一郎という沖縄選出の国会議員の回顧録『世界を舞台に』を読んだ時です。稲嶺一郎氏は前沖縄県知事の稲嶺惠一氏のお父さんです。稲嶺一郎氏は戦前は満州鉄道に勤めており、大川周明《おおかわしゅうめい》や中野正剛《なかのせいごう》とも交流があったそうです。戦後はインドネシア独立運動に参加して投獄されるという、壮絶な人生を歩んでいます。

私は稲嶺惠一氏の随行秘書を務めていた時、稲嶺一郎氏のお話をよくうかがっていました。かつて沖縄にこれほど優れた人がいたのかと、圧倒されたものです。

『世界を舞台に』には次のように書かれています。

……日の丸は、軍国主義の産物ではない。日の丸のルーツは、遠い昔、琉球王朝時代の沖縄なのだ。あの時代、琉球国の進貢船が掲げていたのは、まぎれもない日の丸だった。わが家の玄関には、この進貢船の絵が飾ってある。これを見るとき、日の丸のルーツとなった沖縄に誇りと愛情を覚える。

徳川三百年の鎖国時代が終わり、海外交易を再開した日本は、日の丸を国旗に定めた。この日の丸のデザインは、薩摩藩主・島津斉彬が考案したという。島津は、その支配下に置いていた琉球国の旗を参考にしたのだ。沖縄県民は、このことを誇りに思うべきであり、決して軍国主義の象徴などと短絡的な見方をしてはならないと思う。

国旗は大海原で自らの国を示すために欠かせないものです。本土復帰前の沖縄の船は日の丸の掲揚を許されていなかったため、国籍不明の船としてインドネシアなどで拿捕されたという記録も残っています。

そのような歴史を持つ沖縄だからこそ、日の丸のルーツが沖縄にあるとすれば、それを誇りに思うべきだと思います。

もっとも、これは一つの説であって、他の見方もあるでしょう。私としては、この説は沖縄と本土のつながりのためにも重要だと考えています。

このように、沖縄と本土を対立構造として捉えるのではなく、一体のものとして捉えること。この視点を失ってはならないと思います。

主権回復記念式典に対する違和感

私は沖縄について議論する時はいつも、「沖縄は日本である」ということを強調しています。これは今さら確認するまでもない、あまりにも当然のことです。

しかし、残念ながら、その当たり前のことが当たり前でなくなりつつあると感じることもあります。沖縄と日本の一体性を崩すような、そのような問題が生じることが多くなっているように思います。

「来る４月28日、我が国の完全な主権回復、及び国際社会復帰60年の節目を記念し、政府主催による主権回復・国際社会復帰を記念する式典を実施します」

２０１３年３月12日、菅官房長官は記者会見でこのように述べ、政府主催による「主権回復・国際社会復帰を記念する式典」の開催を閣議決定したことを発表しました。

４月28日は日本にとって大切な節目の日です。日本は１９５２年４月28日にサンフランシスコ平和条約の発効によって独立を果たしました。そのため、この日に式典を行うこと自体は極めて重要なことです。

しかし、私はこの式典の内容には強い違和感を覚えざるを得ませんでした。

「完全な主権回復」とは一体何を意味するのか。

沖縄と奄美、小笠原が日本本土から切り離され、アメリカの施政権下に置かれたのは、まさにサンフランシスコ平和条約が発効された4月28日です。沖縄では、4月28日は本土から見捨てられた「屈辱の日」とまで言われています。「沖縄は日本である」と考えているのであれば、この日に日本が「完全な主権回復」を達成したとは言えないはずです。

また、米軍基地をめぐって沖縄の負担が増えたのも1952年4月28日以降です。日本本土では独立以降、「なぜ独立したのに米軍基地があるんだ」と、基地反対運動が活発になっていました。そのため、アメリカは当時施政下にあった沖縄へ米軍の機能を移していきました。既に述べたように、沖縄に海兵隊が駐留するようになったのも1956年になってからです。

「主権回復の日」を過去に求めるか、それとも未来に求めるか、それには様々な議論があると思います。未来に求めるのであれば、北方領土や竹島が戻ってきた日、あるいは憲法改正を成し遂げた日を「主権回復の日」とすべきでしょう。

しかし、過去に求めるのであれば、少なくとも沖縄や奄美、小笠原が切り離された4月28日を「主権回復の日」にすべきではありません。日本が敗戦してから今日までの69年間の歩みというものを考えれば、これらの島が全て日本に復帰した1972年5月15日をこそ大事にすべきです。すなわち、5月15日こそ「主権回復の日」とすべきです。

物悲しい論調

この式典の作業は、内閣府大臣官房の式典準備室によって進められていました。私はこの式典が沖縄の存在を無視したものになるのではないかという危惧を抱いていたので、事前に式典の式次第を見せてもらうことにしました。

案の定、そこには「来賓祝辞」という文字が並んでいました。沖縄が見捨てられた日を祝うというのであれば、沖縄県民が反発するのは避けられません。

私は政府サイドに対して「祝辞」という文言を変えるように求め、「これは祝典ではなく厳粛な式典にすべきだ」と働きかけました。

また、党本部で行われた自民党の全国会議員が参加する集会でも、私は同じように訴えました。政府は当初、毎年この式典を開催するとしていたので、「そんなことをしたら、毎年沖縄と本土との関係がギクシャクしてしまう恐れがある」と強く抗議しました。菅官房長官にお会いする機会があったので、その場でも同じことを申し上げました。

安倍総理はこうした沖縄の心情に理解を示してくれ、「祝辞」や「完全な主権回復」という文言はなくなりました。また、２０１４年に行われる予定だった記念式典の開催も見送られることになりました。

「戦後レジームからの脱却」を掲げる安倍総理としても、まさにその「戦後レジーム」を形作ったサンフランシスコ平和条約発効の日をお祝いすることに、心苦しい思いがあったのかもしれません。

私は主権回復記念日について考えるために、国会図書館から当時の沖縄の新聞を取り寄せて、できるだけ目を通しました。「屈辱の日」というフレーズは見当たりませんでしたが、非常に物悲しい論調だったことが印象的でした。

その中の一つを紹介したいと思います。これは１９６５年４月28日に『沖縄タイムス』に掲載された記事の一部です。サンフランシスコ講和条約から13年後の記事ですが、当時の沖縄の心情がよく表れていると思います。

七年間の軍事占領がつづき、十三年前の四月二十八日、平和条約が発効した。平和がきたら、あるいは祖国日本に帰れるかもしれない、という望みは断ち切られた。そしてわれわれは、ひとり置き忘れられた、あきらめともつかぬ気持というか、感無量な思いでひそかに祖国日本の独立を祝福したものである。独立日本の健全な発展により、施政権の返還という夢も、その気持ちに託した。

自分たちだけ置き去りにされた悲しさ、そしてまた再び置き去りにされようとしている寂しさ。沖縄がそうした気持ちを抱いているということを、本土の人たちにも理解してもらいたいと思います。

集団的自衛権の功罪

２０１４年４月24日、オバマ大統領が日本を訪れ、安倍総理と首脳会談を行いました。アメリカの大統領としては18年ぶりとなる国賓としての来日でした。

今回の首脳会談では、オバマ大統領が共同記者会見で、尖閣諸島が日米安全保障条約第５条の適用範囲であると明言したことが話題となりました

また、共同記者会見の後に発表された日米共同声明では、日本の集団的自衛権についても言及されました。そこには、「米国は、集団的自衛権の行使に関する事項について日本が検討を行っていることを歓迎し、支持する」と記されていました。

現在、安倍政権は集団的自衛権の解釈変更に向けて舵を切っています。これについてはいくつかの論点があると思います。

沖縄との関係で言えば、集団的自衛権の行使によって米軍基地を整理縮小することができるかどうか、という点です。

日米はこれまで、日本が平時の際にアメリカに基地を提供する代わりに、有事の際にアメリカが日本を守るという関係を取り結んできました。しかし、集団的自衛権の行使によって日本が有事の際に多少なりとも汗を流すのであれば、これまでのように米軍に基地を提供する必要はなくなります。ある意味で、集団的自衛権は米軍基地の整理縮小のためのカードにもなり得るというわけです。

もっとも、集団的自衛権の行使には危険も伴います。集団的自衛権の行使は、これまでの専守防衛という枠を変えることを意味します。現在のところ、その範囲がどこまで拡大していくかは不透明です。また、時の政権が自らの意思によって自由に拡大解釈する恐れもあります。

実際、沖縄県内では、集団的自衛権の行使によってアメリカの戦争に巻き込まれるのではないかということを懸念する声が大きくなっています。もし日本が戦争に巻き込まれれば、その最前線となるのは沖縄です。それ故、沖縄県民が心配するのも無理はありません。

しかし、沖縄のような辺境の島の場合は、巻き込まれるリスクと同時に見捨てられるリスクもあるということを念頭に置かなければなりません。ただ反対するだけでなく、そのリスクに対処するために知恵を絞ることが必要です。

戦争は大変な悲劇をもたらします。もう二度とあのような悲劇を繰り返してはなりません。悲劇を回避すると同時に日本の安全を守るために一体何ができるか、そのことが問われています。

アメリカの本音

集団的自衛権の行使については、アメリカが本当に集団的自衛権の解釈変更を望んでいるのかという点にも着目する必要があります。

アメリカは報道されているほど日本の集団的自衛権の行使を望んでいない、という話はよく耳にします。日本がアメリカの戦略に則って武力行使を行うのであれば、アメリカとしても歓迎するかもしれませんが、日本が独自の意思を持って行動するというのであれば、アメリカは絶対に許さないと思います。

私はそれをケビン・メア氏の主張から感じました。メア氏の日本や沖縄を見下すような発言にはカチンと来る時が何度もありましたが、ある時から、メア氏の発言は彼個人の見解というよりも、アメリカ合衆国という国家の深層なのではないかと思うようになりました。

外交とは本来、本心を明かさない世界ですが、メア氏は本音をあからさまに語る人間でした。アメリカが何を意図しているかを知る上で、メア氏は実に興味深い観察対象でした。

実際、メア氏は、国務省日本部長を更迭されるきっかけとなった国務省内での講義で、日本国憲法の改正はアメリカの国益に反すると述べています。もし日本が改憲してしまえば、アメリカが日本の基地を使用できなくなる可能性が高いからです。それ故、アメリカは今後も日本に基地を維持し、日本政府に経済的な支援を続けてもらうのが良いと、このように発言しています。

これは非常に示唆に富んだ内容です。私は、これはアメリカという国家の本音と見るべきだと考えています。メア氏が日本部長を更迭されたのも、沖縄に対して差別的な発言を行ったからではなく、日米関係の核心的な部分に触れてしまったからだと思います。

もちろんアメリカの中にも共和党と民主党の違いがありますし、民主党の中にも様々な考え方があると思います。また、アメリカとしても、日本に協力することがひいてはアメリカの国益に合致するという場面では、日本に対する協力を惜しまないでしょう。

しかし、そこには一貫して、日本はアメリカの「属国」であるべきであり、対等な日米関係などあり得ないという思想が流れていると思います。

もっとも、それはある意味で当然のことです。国際政治は徹底した性悪説の世界です。例えばイギリスのチャーチルは「イギリス以外、全て仮想敵国だ」、「永遠の敵も永遠の同盟国もない」と述べています。

これはチャーチルだけでなく、フランスのド・ゴールも同じで、この世代の政治家たちは皆、似たような発言を残しています。これは政治に携わる者であれば、政治家であれ官僚であれ、無視できない価値観だと思います。

蘇る沖縄戦の記憶

今回の日米共同声明の中で、沖縄の米軍基地問題については次のように記されています。

日米両国は、地域の安全を維持するための米国の拡大抑止の重要性を再確認した。日米両国はまた、グアムの戦略的な拠点としての発展を含む、地理的に分散し、運用面で抗堪性があり、政治的に持続可能な米軍の態勢をアジア太平洋地域において実現することに向け、継続的な前進を達成している。普天間飛行場のキャンプ・シュワブへの早期移設及び沖縄の基地の統合は、長期的に持続可能な米軍のプレゼンスを確かなものとする。この文脈で、日米両国は、沖縄への米軍の影響を軽減することに対するコミットメントを再確認する。

日米首脳会談は年に複数回開かれます。今回の首脳会談だけで全てを判断することはできませんが、引き続き沖縄に米軍基地を集約させようという方針には変化がないように見えます。

日本政府は嘉手納基地以南の6施設・区域の返還を検討していますが、これらが全て返還されたとしても、沖縄県にある在日米軍施設の割合は73・8%から73・1%へと、わずかに0・7%減るだけです。

安全保障政策というものは、地元住民の理解がなければ機能しません。住民が「守ってくれてありがとう」という感謝の気持ちを持つような対応をしなければ、基地を持続的、安定的に運用していくことは困難です。

もし仮に辺野古移設が強行されれば、再び大規模なデモが行われる可能性があります。デモを取り締まるのは沖縄県警です。そうなると、沖縄の人間が沖縄の人間を取り締まり、場合によっては流血沙汰になる恐れもあるということです。

これは考え得る限り最悪の事態です。沖縄には沖縄戦の記憶が根強く残っています。親が子供を手に掛け、友人・知人同士が殺し合ったという集団自決の記憶もあります。沖縄の人間同士がぶつかって血を流せば、かつての記憶が呼び覚まされてしまいます。

私は、今回の共同声明は期間限定的なものだと理解しています。今後は中長期的な視点に立ち、沖縄の米軍施設を九州など全国で等しく分担してもらえるように働きかけていきたいと思います。

沖縄と本土の一体性を回復するために

現在、沖縄と本土の一体性は損なわれてしまっています。これを回復するためには、双方の歩み寄りが必要です。

これまでも繰り返し強調してきたように、本土の人たちには何よりもまず、沖縄が体験した沖縄戦の悲劇を理解してほしいと思います。

沖縄には、「かつて沖縄は本土を守るために『捨て石』にされた」という思いを持っている人たちがたくさんいます。それ故、東アジアの地図を示しながら、「沖縄には地理的優位性があるので、日本の安全保障のために米軍基地を置く必要がある」と言ったところで、そのような議論は全く心に響きません。

戦前、沖縄は本土の安全保障のために「捨て石」にされたのに、再び日本の安全保障のために「捨て石」になれと言われて、一体誰が納得するでしょうか。それは結局のところ為政者の論理に過ぎません。

日本の安全保障のために米軍基地が必要であるならば、それは日本全体で平等に負担すべきです。沖縄だけに米軍基地が集中する現在の状況は、あまりにも異常です。

同じように、「辺野古移設について沖縄選出の国会議員も沖縄県知事も容認したじゃないか。だから後は沖縄の中で解決しろ」といった態度では、基地問題の解決は難しいと思います。これではまた、かつて沖縄戦の中で沖縄県民同士がいがみ合ってしまった、あの嫌な記憶を思い出してしまうだけです。

日米地位協定の改定に向けて

沖縄の人たちの多くは、日本の安全保障のためにある程度の米軍基地を負担しなければならないことは理解しています。しかし、現在の負担はあまりにも過剰です。沖縄は今よりも負担を減らしてほしいとお願いしているだけです。

そのためには、日米地位協定の改定が重要なポイントになると思います。日米地位協定は1960年、岸信介内閣の時代に締結されました。日米地位協定の条文は日米安全保障条約の条文よりも長く、日米安保条約よりも遥かに重要だと言われています。日米安保条約と日米地位協定は日本の施政権の及ぶ範囲に適用されます。地位協定が締結された当時、沖縄はまだ本土に復帰していませんでした。そのため、地位協定は最初から沖縄の存在を考慮に入れていません。それ故、現在の地位協定が沖縄の現状にそぐわないのも、ある意味で当然のことなのです。

沖縄県はかねてより、日米地位協定の見直しを要請してきました。協定締結から半世紀以上経ち、もはや地位協定は形骸化しています。抜本的かつ大幅な見直しは避けられません。しかし、アメリカ側はなかなか地位協定の改定に応じようとしません。アメリカは、米軍基地を置いている全ての国と地位協定を結んでいます。そのため、日本と地位協定を改定すれば、他の国との地位協定も改定せざるを得なくなるからです。

安倍総理は地位協定の問題点を理解してくれていると思います。そのため、米軍基地の環境保護に関する規定について、新たな協定を締結するという形で、地位協定の改定に向けて動き出しています。

もちろん環境保護以外にも、地位協定には多くの問題があります。沖縄で特に問題視されているのは、地位協定17条5項Cです。そこには次のように規定されています。

国が裁判権を行使すべき合衆国軍隊の構成員又は軍属たる被疑者の拘禁は、その者の身柄が合衆国の手中にあるときは、日本国により公訴が提起されるまでの間、合衆国が引き続き行なうものとする。

これは1995年に起こった少女暴行事件の際にも問題になりました。アメリカ側がこの条項に基づき、起訴前の犯人の引き渡しを拒んだからです。

その後、凶悪犯罪の場合は、アメリカは日本に対して「好意的考慮を払う」ことになりましたが、「好意的考慮」とは一体何を意味するのか定かではありません。これでは運用が恣意的になってしまうことは避けられません。

地位協定の改定は大変難しい問題です。識者の中には、日本は戦争に負けたのだから、不平等な協定を押し付けられるのは仕方がない、改定するにはもう一度戦争して勝つしかないとまで言う人もいます。これまで日米地位協定が一行足りとも改定されてこなかったのも、あるいはそのためかもしれません。

これはあまりにも極端な議論ですが、改定のハードルが高いのは間違いありません。時間をかけて粘り強く交渉していく必要があります。

末次一郎の遺志

他方、沖縄もまた本土を批判するだけでなく、本土を理解し、歩み寄る必要があります。沖縄は従来のように本土をひたすら糾弾することをやめ、「沖縄＝善」、「本土＝悪」という構図から脱却しなければなりません。世の中は関係性で成り立っています。そうである以上、どちらか一方が絶対に正しく、どちらか一方が絶対に間違っているということはあり得ません。沖縄にも見直すべき点はあります。

沖縄は、本土は米軍基地問題や地位協定の改定に関心が薄いと嘆くだけではなく、それでは自分たちが日本のために一体何をしてきたか、その点を省みなければなりません。

例えば、沖縄戦では多くの沖縄県民が命を落としましたが、その次に死者が多かったのは北海道出身の方々です。沖縄には北霊碑という北海道出身の戦死者のための慰霊碑がありま す。私は北海道のために何ができるかを考えながら、毎年参拝しています。

「沖縄から政治をするなら、北方領土問題をやってください」

私は沖縄県議会議員になりたての頃、末次一郎先生からそう言われました。末次先生は陸軍中野学校出身で、戦後は歴代総理大臣の相談役も務めていました。末次先生は沖縄返還に尽力された後、晩年は北方領土返還に取り組んでおられました。

沖縄は自分たちの抱える戦後処理の問題だけでなく、他の地域の抱える戦後処理の問題にも敏感であるべきです。沖縄の本土復帰の際には、北海道を含む全国の方々から熱いご支援をいただきました。私はその恩返しのためにも、沖縄こそ北方領土返還に力を入れるべきだと考えています。

沖縄にこそ安全保障研究機関を

現在の沖縄の米軍基地の負担は明らかに過重です。沖縄の米軍基地は全国で平等に負担すべきです。しかし、私はその他の点では、沖縄も日本の安全保障に貢献していくべきだと考えています。

例えば、沖縄駐在の自衛隊員の中で沖縄県出身者が占める割合は低く、航空自衛隊では2割ほど、陸上自衛隊と海上自衛隊では4割を切る程度です。しかし、九州に駐在している自衛隊員について見ると、その中で九州出身者は6割から7割になるそうです。つまり、それだけ沖縄出身の自衛隊員は少ないということです。

故郷の国土は故郷の人間が守る。これが最も自然な姿です。沖縄の人たちには、米軍基地の返還を実現した後は、自分たちが沖縄を守っていくんだという意識を強く持ってほしいと思います。

また、オスプレイについては、私は沖縄に現有数の配備は必要ないと思っています。しかし、有事の際は別です。

普天間基地には滑走路が1本、嘉手納基地には2本あります。その他、沖縄県には13もの民間空港があります。訓練や運用は別のところで行うとしても、有事の際にはこうした民間空港の滑走路も使用できるように、沖縄も協力する必要があると思います。

また、私は以前より、沖縄に最高水準の安全保障研究機関や戦略研究所を設置し、インテリジェンスと知の交流拠点を形成していくべきだと提案しています。その際に重要な点は、軍事を含んだ研究機関にすることです。

本来であれば、防衛大学校だけでなく、一般の高等教育機関でも、一般教養として軍事の知識を教えるべきです。日本はシビリアンコントロールの国なので、自衛官を指揮監督する政治家、その政治家を選ぶ国民は、最低限度の軍事・安全保障の知識を習得する必要があります。

沖縄は現在でも軍事に対する忌避反応が強い地域です。悲惨な沖縄戦を経験してきたのだから、それも当然です。しかし、そうした経験を持つ沖縄だからこそ、どこよりも軍事に詳しくなるべきです。同じ悲劇を繰り返さないためにこそ、軍事的知識を蓄える必要があるのです。

「沖縄利権」を沖縄自身の手で断つ

既に述べたように、「沖縄がお金のために基地反対運動をしている」というのは全くの誤解です。命はお金に代えられません。

しかし、もし沖縄に振興予算をほしいが故に基地反対運動をしている人がいるのであれば、それは沖縄が自らの力で解決しなければならない問題です。いわゆる「沖縄利権」と呼ばれるものは、沖縄自身の手で断ち切っていかねばなりません。それは沖縄の政治家の仕事です。

私はそのためにも、道州制を導入する必要があると考えています。これは沖縄自身の在り方を問い直すためにも必要です。

道州制によって多くの権限が沖縄に移された場合、沖縄はその責任も問われることになります。例えば、何か事業を行うにしても、沖縄は自らの力で成功させなければなりません。もし失敗すれば、それは沖縄自身の責任です。

これにより、否が応でも中央への依存度は減っていき、「沖縄利権」もなくなるでしょう。自己責任の原則を地方自治体に徹底させることは、日本全体にとってもプラスになるはずです。

また、日本という国の在り方を考えた場合も、道州制の方が適していると思います。日本社会は古来、共同体を基礎としてきました。そこには神社を中心とした人のつながりがあり、地域ごとに独自の特色がありました。実際、江戸幕府は幕藩体制をとっており、地域の多様性を活かす制度となっていました。

沖縄料理の「ゴーヤーチャンプルー」の「チャンプルー」は、「ごちゃ混ぜ」という意味です。しかし、これは単に混ぜるというだけでなく、異質なものでもミックスして調和を保ち、独自色を失わないということです。この視点は、日本という国の在り方を考える上でも重要になると思います。

尊厳ある沖縄へ、尊厳ある日本へ

私は以前、地元の方から、バジル・ホールの『朝鮮・琉球航海記』という本をいただきました。バジル・ホールはイギリスの作家で、世界各国を旅したことで知られています。

バジル・ホールは琉球王国にも訪れています。彼はそこで、琉球人たちの洗練された振る舞いに感動し、尊敬に値する人たちだと記録に残しています。

バジル・ホールはその後、セントヘレナ島に幽閉されていたナポレオンと面会しました。「琉球には武器も戦争もなかった」と話したところ、ナポレオンが「それは不可能だ」と、肩をすくめたという逸話が残っています。

かつて沖縄には世界に誇れる文化がありました。大国の間に挟まれながらも独立を保つ知恵がありました。

先人たちが築き上げてきた沖縄を取り戻すこと。尊厳ある沖縄、そして尊厳ある日本を取り戻すこと。私はそのことを目標に、政治活動に取り組んでいく決意です。

【特別インタビュー】

「慰霊の日」に沖縄を問い直す

1945 年、地上部隊を支援するアメリカ海兵隊の戦闘機

沖縄戦当時、米軍と富森の大シーサー

「慰霊の日」とは何か

――6月23日には、沖縄県の平和祈念公園で「沖縄全戦没者追悼式」が開催されます。毎年ここには総理大臣や衆議院議長などが参列しています。沖縄ではこの日はどのように受け止められていますか。

國場 6月23日は沖縄戦において日本軍の組織的戦闘が終結した日です。沖縄ではこの日は「慰霊の日」と呼ばれ、県や市町村の学校や役所は休みになります。また、正午には沖縄戦で亡くなった方々のために黙祷が捧げられます。

この日が近づくと、学校では先生たちが沖縄戦の話をします。私の子供の頃は、学校の先生の中にも沖縄戦を経験したという人がいました。そうした先生方が、「戦争だけは絶対にやってはいけない」、「平和がいかに尊いものか」ということを一生懸命語っていたことを覚えています。

沖縄戦の悲惨さというものは、直接体験した人でないと理解することが難しいと思います。沖縄県民の4人に1人が亡くなり、集団自決のように親が子供や家族を手に掛けるといった悲劇も起こりました。

その背景には、当時の大本営が作成した「帝国陸海軍作戦計画大綱」がありました。ここでは、本土決戦の準備が整うまで、米軍を一日でも長く沖縄に引きつけるために「出血持久戦」を行うと定められていました。

そのため、本来であれば降伏せざるを得ないような状況の中でも、沖縄守備軍は司令部のあった首里（現在の那覇市）から摩文仁《まぶに》や喜屋武《きゃん》（共に現在の糸満市）にまで撤退しつつ戦いを続けました。その間、多くの県民、国民が戦火に巻き込まれ、尊い命を落としたのです。

沖縄戦の傷跡は今なお根深く残っています。例えば、沖縄に残る不発弾の処理には、あと70年から80年かかると言われています。沖縄戦で亡くなった方々の遺骨の収集も終わっていませんん。また、沖縄は戦争で焼け野原になったため、所有者不明の土地が80・5万平方メートルもあります。

沖縄で地上戦が始まる前にも、沖縄では大変な悲劇がありました。「対馬丸撃沈事件」をご存知ですか？　当時の日本政府は本土決戦が近づく中、沖縄の住民たちを県外へ疎開させました。沖縄は食料や兵站に限りがあったため、住民が残っていると戦闘に差し障りがあると考えられたからです。

もっとも、疎開はあまりスムーズには進まず、政府としては学童だけでも何とか疎開させようとしていたようです。実際、私の父親や叔母も、小学校低学年の頃は熊本で暮らしていました。

対馬丸もまた、疎開学童ら1788人を乗せて九州へと向かっていました。その航海中に、アメリカの潜水艦ボーフィン号から魚雷攻撃を受けたのです。身元がわかっている方だけでも犠牲者は1418人（2004年現在）、そのうち学童は775人にも上りました。

対馬丸の事件後、救助された人々には箝口令《かんこうれい》が敷かれました。戦後、対馬丸の生存者たちが沖縄に戻った時、「うちの子供はどうしたのか」と聞かれ、何も答えられず辛い思いをした方もいたそうです。

対馬丸が撃沈されたのは1944年8月22日です。私は毎年この日には、那覇市にある対馬丸記念館を訪問しています。そのすぐ側には、対馬丸の犠牲者を弔う「小桜の塔」があります。ここでは遺族の方々が慰霊祭を行っており、私も毎年参列しております。

もっとも、現在では遺族の高齢化が進んでいるため、慰霊祭への参加者は年々少なくなっています。以前、私も沖縄の傷痍軍人会の顧問をやっていましたが、こちらも2年前に解散してしまいました。

戦争体験者が少なくなっていく中でどのように後の世代に戦争の悲惨さを伝えていくか、現在を生きる我々に課せられた重大な問題です。

本土復帰の日を祝日に

――6月23日や8月22日といった日は、沖縄だけでなく日本全体にとって重要なものです。しかし、沖縄以外の地域ではその重要性があまり認識されていないように思います。

國場　私は大学生の頃に初めて東京に出てきましたが、当時もこうした日について話題になった記憶はありません。

その他にも、沖縄と本土では重要な日付に関して認識の違いがあります。

私がそれを強く感じたのは、以前も述べましたが、昨年の4月28日に政府主催によって行われた「主権回復・国際社会復帰を記念する式典」でした。

日本は1952年4月28日にサンフランシスコ講和条約の発効により主権回復を成し遂げました。この歴史の節目の日に式典を行うことは大事なことです。

しかし、この式典が「主権の完全回復」を記念するためのものとされ、式次第にも「祝辞」という言葉が並んでいたことには違和感を覚えざるを得ませんでした。

沖縄が奄美や小笠原と共に本土から切り離され、アメリカの施政権下に置かれることになったのは、まさにサンフランシスコ平和条約が発効されたのと同じ日です。沖縄ではこの日を「屈辱の日」と呼ぶ声さえあります。「沖縄は日本である」と考えているのであれば、この日を祝うことなどできないはずです。

「主権回復の日」を過去に求めるか、未来に求めるか、それには様々な議論があると思います。未来に求めるのであれば、北方領土や竹島が戻ってきた日、あるいは憲法改正を成し遂げた日が候補となるでしょう。

それに対して、過去に求めるのであれば、沖縄や奄美、小笠原が切り離された4月28日ではなく、これらの島々が日本に復帰した5月15日こそ「主権回復の日」にすべきです。

もっとも、沖縄でも現在のところ、30周年や40周年といった節目以外に、毎年5月15日に慰霊の日のような特別なイベントが行われているわけではありません。私は数年前まで同世代の政治家たちと集まって、毎年この日にシンポジウムを開催していました。次のステップとしては、この日の重要性を風化させないために、5月15日を国民の祝日にしたいと考えています。

本土こそ「沖縄は日本である」と考えてほしい

――沖縄が本土に復帰した後も、沖縄の米軍基地の負担は軽減されていません。こうした状況を考えると、5月15日を祝日とすることに批判的な声もあるのではないでしょうか。

國場　確かに沖縄の左派の人たちは5月15日に対して批判的な考えを持っており、「5月15

日は沖縄が本土に飲み込まれた日だ。そんな日を祝うなんてとんでもない」と主張しています。彼らが5月15日に批判的なのは、沖縄と本土は別の存在だと考えているからでしょう。

しかし、私は「沖縄は日本である」と考えています。沖縄は神話や言語、ＤＮＡなど多くの点で本土と共通性があります。私は保守政治家を自任する者として、この点を大切にしていきたいと考えています。

それと同時に、本土の人たちにも「沖縄は日本である」という認識をしっかり持ってもらいたい。沖縄を本当に日本だと考えているのであれば、沖縄のみに米軍基地が集中していることを不自然だと感じるはずです。沖縄を本当に日本だと思っているのであれば、沖縄が米軍基地に反対の声を上げた際に「沖縄はお金がほしいから騒いでいるだけだ」、「沖縄は中国の手先だ」などといった発言はしないはずです。

そもそも沖縄が日本であるからといって、中国に対して排外主義的な振る舞いをしなければならないということにはなりません。沖縄は日本であるという主張と、中国に対して排外主義的な考えを持つこととは、何の関係もありません。私は現在の中国に対して批判的ですが、排外的な思考には反対です。

以前、本土の保守派の人たちが、一部の地元の方と一緒に、那覇市の繁華街で街頭演説を行ったことがありました。地元メディアの批判も含め、沖縄が中国寄りだというイメージを払拭したかったのでしょう。

しかし、そこで行われたスピーチは極端に排外主義的な内容で、ヘイトスピーチそのものでした。中国寄りであることを否定することと、中国に対して排外的な言説を振りまくことは違います。このことには内部で反発が生じ、運動は分裂したようです。

これは左派の運動についても言えることですが、本土の極端な右派や左派が自分たちの主張のために沖縄を利用しているという側面があります。こうした動きに対しては、沖縄自身が反対の声を上げていかなければなりません。

いずれにせよ、沖縄では保守・革新を問わず、5月15日が重要な意味を持っていることは確かです。その意味で、安倍総理が5月15日に集団的自衛権について記者会見をされたことについては、沖縄で様々な議論が起こりました。

安倍総理としては、この日は安倍晋太郎先生の命日ということがあったのだと思いますが、地元では「あえてこの日に集団的自衛権の会見をしなくてもいいのに」という声があったことも事実です。

天皇陛下の沖縄に対する思い

――日付をめぐる認識に違いがあるということは、歴史認識に違いがあるということです。歴史認識の違いは、国家統合の危機を招きかねません。今後、歴史認識を共有する上で何をしていくべきだと考えていますか。

國場　皇室の沖縄に対する思いを日本全体で共有するところから始めるべきだと思います。特に、今上陛下は沖縄に対して強い思いを抱いておられると思います。

天皇陛下は対馬丸についても大変なご関心を持っておられます。海底から対馬丸の船体が発見されて間もない1997年12月の誕生日会見では、「私と同じ年代の多くの人々がその中に含まれており、本当に痛ましいことに感じています」と述べておられます。

同年には「疎開児の　命いだきて　沈みたる　船深海《しんかい》に　見出だされけり」という御製も詠まれています。

また、今月の26日には、天皇皇后両陛下が対馬丸の犠牲者の慰霊などのため、沖縄を訪問されることになっています。陛下の沖縄訪問は、皇太子時代から数えて10回目です。今年は対馬丸が沈んで70年ということもあり、今回の訪問は今上陛下の強いご希望によって実現したと聞いています。

大切なのは、歴史を知ることです。なぜ沖縄は4月28日に抵抗し、5月15日に拘るのか。6月23日はどのような日で、8月22日には一体何が起こったのか。一年に一度必ず訪れるこうした日に、国民全体が思いを一つにすることが大切だと思います。

それと同時に、沖縄としても、本土に対して沖縄のことを理解してくれと言うだけでなく、それでは沖縄は日本のために何ができるかということを考えるべきです。現在の沖縄の米軍基地の負担は過剰ですが、それ以外のところでは協力できるところがあります。例えば、沖縄出身の自衛隊員を増やすことも重要です。

また、沖縄は「沖縄＝善」、「本土＝悪」という一方的な思考から脱却し、本土をひたすら糾弾することをやめるべきです。確かに沖縄は本土から差別されていると感じられるような場面もありますが、本土を非難するだけでなく、本土との対話をしっかりと紡いでいくことが大切です。

現在、沖縄と本土の間には普天間基地問題が横たわっています。しかし、沖縄の歴史を知り、日本の将来に思いを馳せ、「沖縄と本土の架け橋とならん」という思いを持って活躍する人たちが一人でも増えれば、沖縄と本土との間の心理的距離はグッと縮まるはずです。私もまたその「架け橋」の一つとなり、沖縄と本土の距離を縮めていく決意です。


（『月刊日本』２０１４年７月号）

おわりに

「沖縄の人は人情に厚いが、義理は薄い」

かつて野中広務元官房長官がそのようにおっしゃったと聞いたことがあります。野中先生は沖縄に寄り添い、現役時代も今も、沖縄のために汗を流していただいている政治家の一人です。その方がある種の沖縄批判をしたということは、沖縄の人間として重く受け止めなければなりません。

沖縄の基地問題を解決するためには、沖縄と本土の相互理解を深める必要があります。そのためには、沖縄としては、沖縄のために尽力してくれた人たちに対する感謝の気持ちをしっかりと持つ必要があると思います。これまで多くの人たちが沖縄のことを思い、沖縄のために大変な苦労をしてくれました。そのことは記憶に留めておかなければなりません。

戦前にまで遡れば、大田実中将がそうです。大田中将は最期の時まで沖縄を思い、「沖縄県民斯ク戦ヘリ　県民ニ対シ後世特別ノ御高配ヲ賜ランコトヲ」という電報を残しています。また、1945年1月、最後の官選知事として沖縄県に赴任した島田叡《しまだあきら》知事もそうです。この時期に沖縄県知事になるということは、死を意味します。島田氏は周囲の反対を押し切って知事となり、沖縄県民のために献身的に働いてくれました。そのため、県民からの信頼も厚かったそうです。

島田知事は沖縄戦の最中に行方不明となり、遺体も発見されていません。大田中将とも肝胆相照らす中だったそうですが、大田中将ほど名が知られていないのは残念です。

戦後の政治家としては、何と言っても佐藤栄作総理です。佐藤総理のおかげで沖縄は日本に復帰することができました。

また、佐藤総理の密使として重要な役割を果たした京都産業大学教授の若泉敬氏も忘れてはなりません。

若泉氏はアメリカ側と核兵器持ち込みをめぐって密約交渉を行ったため、それを批判する声もあります。しかし、外交は綺麗事だけでできるものではないこともまた事実です。

若泉氏が沖縄に対して申し訳ないという気持ちを抱いていたのは間違いありません。若泉氏は密約交渉について詳述した『他策ナカリシヲ信ゼムト欲ス』を出版した後、自ら命を絶ちました。その遺骨は遺言により沖縄の海に散骨されたそうです。

さらに、佐藤内閣の山中貞則総理府総務長官。税制のプロでもあった山中先生は、沖縄県に関わるあらゆる課題に取り組んでいただきました。

橋本龍太郎総理大臣は外務省や防衛省の大反対を押し切って、日米首脳会談で普天間基地問題を取り上げてくれました。

橋本内閣で官房長官を務めた梶山静六先生は、沖縄を思って夜も眠れなかったと言われています。

橋本政権の時代に、沖縄で行われていた米軍の実弾演習の移転先が問題になった際には、鈴木宗男先生が北海道の自らの選挙区に受け入れてくれました。これは地元の支持を失いかねない行為です。沖縄の負担軽減のためにここまでしてくれたことに対して、感謝の念に堪えません。

小渕恵三総理は周囲の反対を押し切って沖縄でサミットを開催しました。小渕総理は学生時代から何度も沖縄に足を運び、遺骨収集にも参加していました。沖縄への熱い思いが九州・沖縄サミット、さらには守礼門を描いた2千円札へとつながっていったのだと思います。

古賀誠元自民党幹事長もそうです。古賀先生は沖縄全戦没者追悼式に出席するために、毎年6月23日に沖縄を訪問されています。経済振興に関連して沖縄を訪れる人が多い中、慰霊、平和に対する思いのために毎年欠かさず沖縄に来られているのは、古賀先生だけではないでしょうか。

ここで挙げた人たちの他にも、沖縄のために尽力してくれた人たちはたくさんいます。沖縄はこうした方々に対する義理を忘れてはなりません。

また、現在でも、数は少ないかもしれませんが、私の同期の新人議員も含め、沖縄のことを真剣に考えてくれている人たちはいます。彼らとの関係を築いていくことから、沖縄と本土の信頼関係を回復していくことが大切だと思います。

私は、日本はこれまで沖縄の基地問題を総括してこなかったと考えています。本来であれば、沖縄が本土に復帰した時に、今後の安全保障政策についてもきっちりと議論すべきだったはずです。

今後、日本には米軍基地がどれほど必要なのか。その中で沖縄の基地負担はどれくらいであるべきか。沖縄の基地を本土に移転するのであれば、どこにどれくらい移転すべきか。議論しなければならない問題はたくさんありました。しかし、これらの問題を議論しないまま、今日まで来てしまいました。

日本政府としても、沖縄に引き続き基地を置き、振興策で対処する方が楽でしょう。しかし、もはやそれも限界に来ています。

もちろんこれは沖縄自身にも問われていることです。基地を本土に移転すれば、それに伴って振興予算も減ります。沖縄は自らの責任で沖縄社会を発展させていかなければなりません。その上で、米軍基地を返還した後も抑止力を保つ必要があります。

これらは、今沖縄で一般的に考えられている以上に大変なことだと思います。沖縄もまた基地問題を総括する必要があるのです。

沖縄の基地問題を解決するためには、超長期的な視点を持つことが重要です。

私は2045年までに、すなわち日本が敗戦してから100年目の年までに、現在34ある在沖米軍施設を半分にまで削減し、沖縄にある米軍施設の比率を、現在の74%から37%以下にまで整理縮小したいと考えています。

普天間基地が返還された場合は、土地利用が円滑に行われるように公的機関が一括で買い上げることが望ましいでしょう。もちろん地主の意向を尊重することは大切ですが、大規模跡地として活用できなければ有効性がありません。

土地の再利用としては、例えば沖縄県庁を移転し、行政機能の集約化を図ることが有益だと思います。宜野湾から那覇まで路面電車を敷設することも考えるべきです。マンハッタンのセントラルパークやロンドンのハイドパークなど、都会の中に森を再生するのも良いかもしれません。

また、沖縄を宇宙開発の拠点基地にするという構想も面白いと思います。日本には宇宙開発の主要施設が7つあります。その中で、衛星打ち上げ用のロケットの最大基地は種子島宇宙センターです。

このセンターは1968年に、つまり沖縄返還の4年前に建設されました。ロケットの打ち上げは赤道に近いほど有利なので、もし沖縄が返還されていれば、沖縄に建設されていたはずです。

嘉手納飛行場はスペースシャトルの緊急着陸空港でもあるので、沖縄は宇宙開発に関しては国内最高の環境を持っています。この優位性を活かしていくべきです。

基地返還後も抑止力を維持するためには、沖縄に自衛隊を配備する必要があります。その上で、沖縄県民がもっと積極的に自衛隊に入隊していく必要があります。自らの故郷は自らの手で守る。この当たり前の感覚を取り戻していきたいと思います。

安倍総理は「戦後レジームからの脱却」を掲げています。それは戦後を総括するという意味だと思います。私の理解では、それは沖縄の尊厳と自己決定権を尊重すること、それに尽きます。そして、沖縄も日本国の一部として、過重な米軍基地負担以外の点で国益に資することが求められます。「日本を取り戻す」ためには、「沖縄を取り戻す」ことが必要なのです。

本書を作るに当たっては、雑誌『月刊日本』編集部の方々、特に中村友哉氏にお世話になりました。また、畏友の江口善明氏には多くの助言をいただきました。感謝の念に堪えません。

古賀誠先生には、お忙しい中、推薦文を寄せていただきました。心より御礼申し上げます。

末筆ながら、いつもご支援していただいている皆さま、妻や家族、両親、そして、天国の義母に本書を捧げたいと思います。

國場幸之助（こくば・こうのすけ）
昭和48（1973）年1月10日、沖縄県那覇市生まれ。愛児幼稚園、開南小学校、上山中学校、沖縄尚学高等学校を経て、日本大学文理学部哲学科に入学するも中退。早稲田大学社会科学部に再入学し、雄弁会幹事長を務める。サラリーマンを2年務めた後、27歳の時に沖縄県議会議員選挙で初当選。20代初の沖縄県議会議員となる。国政選挙に3度挑戦の末、平成24（2012）年の衆議院議員選挙で初当選。現在、国土交通委員会、決算行政監視委員会、沖縄及び北方問題に関する特別委員会、自民党青年局、自民党国土・建設関係団体委員会に所属。

われ、沖縄の架け橋たらん

2014年7月8日　第1刷発行
著　者　國場幸之助
発行者　南丘喜八郎
発行所　K＆Kプレス
〒102―0093
東京都千代田区平河町1―7―3
半蔵門堀切ビル4階
TEL　03（5211）0096
FAX　03（5211）0097
印刷・製本　中央精版印刷
乱丁・落丁はお取り換えします。

ISBN978-4-906674-60-2